Scoprire i Giochi Gratuiti Online

Disponibile Qui:

BestActivityBooks.com/FREEGAMES

5 CONSIGLI PER INIZIARE

1) COME RISOLVERE LE PAROLE INTRECCIATTE

I puzzle hanno un formato classico:

- Le parole sono nascoste senza spazi o trattini,...
- Orientamento: Le parole possono essere scritte in avanti, indietro, verso l'alto, verso il basso o in diagonale (possono essere invertite).
- Le parole possono sovrapporsi o intersecarsi.

2) APPRENDIMENTO ATTIVO

Accanto ad ogni parola c'è uno spazio per scrivere la traduzione. Per incoraggiare l'apprendimento attivo, un **DIZIONARIO** alla fine di questa edizione vi permetterà di controllare e ampliare le vostre conoscenze. Cerca e scrivi le traduzioni, trovale nel puzzle e aggiungile al tuo vocabolario!

3) SEGNARE LE PAROLE

Puoi inventare il tuo sistema di segni. Forse ne usi già uno? Per esempio, puoi segnare le parole difficili da trovare con una croce, le parole preferite con una stella, le parole nuove con un triangolo, le parole rare con un diamante, e così via.

4) STRUTTURARE L'APPRENDIMENTO

Questa edizione offre un **TACCUINO** alla fine del libro. In vacanza, in viaggio o a casa, puoi organizzare facilmente le tue nuove conoscenze senza bisogno di un secondo quaderno!

5) AVETE FINITO TUTTE LE GRIGLIE?

Nelle ultime pagine di questo libro, nella sezione della **SFIDA FINALE**, troverete un gioco gratuito!

Facile e veloce! Dai un'occhiata alla nostra collezione di libri di attività per il tuo prossimo momento di divertimento e **apprendimento,** a portata di clic!

Trova la tua prossima sfida su:

BestActivityBooks.com/MioProssimoLibro

Ai vostri posti, pronti...Via!

Sapevi che ci sono circa 7.000 lingue diverse nel mondo? Le parole sono preziose.

Amiamo le lingue e abbiamo lavorato duramente per creare libri di altissima qualità. I nostri ingredienti?

Una selezione di argomenti adatti all'apprendimento, tre buone porzioni di intrattenimento, una cucchiaiata di parole difficili e una spolverata di parole rare. Li serviamo con amore e entusiasmo in modo che tu possa risolvere i migliori giochi di parole e divertirti imparando!

La vostra opinione è essenziale. Puoi partecipare attivamente al successo di questo libro lasciandoci un commento. Ci piacerebbe sapere cosa ti è piaciuto di più di questa edizione.

Ecco un link veloce alla pagina dell'ordine:

BestBooksActivity.com/Recensione50

Grazie per il vostro aiuto e buon divertimento!

Tutta la squadra

1 - Salute e Benessere #2

```
E N A R H S I И A H B T C E A I
R H F L N I M A T I V E U И N F
C C J P E B G A M N H N P G B L
J Y E J T R C I R M H L O V И K
D I J E T A G A J I R O L A K Z
E J I Z S G U I F E J N E R A V
N E C D S V P M J C N O T A Z R
E T A R P O L T P E L E P J H K
R E R A G E N E T I K E K B K F
G Ž D V C J P O N R B O L E S T
I I I E J I M O T A N A A L E P
J N H P N Z N G N M P Ž P K B B
A A E H F P A L B A T A E Z Z B
A E D B T D D И O N I S T T M U
I N F E K C I J E B L A I B J A
K R I N L M N E F S C M T E P O
```

ALERGIJE

ANATOMIJE

APETIT

KALORIJA

TELO

DIJETA

VARENJE

DEHIDRACIJE

ENERGIJA

GENETIKE

HIGIJENE

INFEKCIJE

BOLEST

MASAŽA

ISHRANE

BOLNICA

TEŽINA

KRV

ZDRAV

VITAMIN

2 - Aggettivi #2

```
Č E P P Z D R A V И S P O E U T
I L D O R K P U T J L R D N A C
S E N E N O N A L S A I G C K G
T G P И R O D K G S T R O U S K
A A A V O N S U И O K O V O F R
V N U J C H R N K K O D O K B E
U T T A N Z O P I T L N R И Z A
S A E O A T O H T A I O A D A T
A N N I Č B J A C R N V N V N I
T H T H I J G P P V S U N E I V
P J I A T E V L M V I J V I M N
Z A Č C A U C O A N P L M K L E
M K A F M G H U B D O M G J J O
O O N L A M R O N N A N R K I P
C E K L R Z G A V O Z N A F V P
H B O K D S K E K B D E T Z O P
```

GLADAN
SUVA
AUTENTIČAN
KREATIVNE
OPISNI
SLATKO
DRAMATIČAN
ELEGANTAN
POZNAT
JAK

ZANIMLJIVO
PRIRODNO
NORMALNO
NOVA
PONOSNI
PRODUKTIVNI
ČISTA
ODGOVORAN
SLANO
ZDRAV

3 - Ingegneria

```
S  T  R  U  K  T  U  R  A  M  V  R  J  P  V  P
F  L  L  J  V  T  K  V  E  A  P  H  J  O  Z  R
A  G  A  P  Y  E  N  E  R  G  I  J  A  G  J  E
K  O  N  S  T  R  U  K  C  I  J  A  O  O  B  Č
I  N  M  T  D  R  O  T  A  C  I  J  E  N  V  N
N  Č  H  A  N  I  B  U  D  A  P  A  N  N  F  I
A  E  S  O  Š  T  S  O  N  L  I  B  A  T  S  K
Č  T  L  E  Z  I  D  T  L  H  R  T  S  H  H  A
P  G  D  Y  V  U  N  M  R  C  B  P  N  V  A  A
U  Y  I  J  C  O  C  A  O  I  K  B  A  F  L  A
Z  V  И  H  E  И  N  R  T  U  B  U  G  L  U  A
F  O  R  К  И  C  P  O  O  T  G  U  E  V  A  O
O  B  R  A  Č  U  N  S  M  B  I  A  C  K  N  M
F  O  O  T  G  U  S  И  Y  Y  P  E  O  I  E  J
M  E  R  E  N  J  E  S  P  J  V  S  V  Y  J  S
D  I  J  A  G  R  A  M  N  R  E  И  V  G  Z  A
```

UGAO
OSE
OBRAČUN
KONSTRUKCIJA
DIJAGRAM
PREČNIK
DIZEL
DISTRIBUCIJA
ENERGIJA
SNAGE

ZUPČANIKA
TEČNOG
MAŠINA
MERENJE
MOTOR
DUBINA
POGON
ROTACIJE
STABILNOST
STRUKTURA

4 - Archeologia

```
И R Y И A I J Z H P O T O M A K
T R B A N S D R A C I N B O R G
S Z D O A T J P K B A S A E A N
A T B B L R M I T V O H G B S P
A C K J I A N Z S C R K T O B
U Y K E Ž Ž S R I T И И A T A S
G R D K A I T K E R E E Z V U И
P O S T O V E O Y L D P J P I L
R S D E O A R S F B I N И F N O
O E N I И Č I T V P R K K K E T
C F P F N F J I Z O G P V M L R
E O G O A E A A N T I K E I Z V
N R E S M V M P C H J R G A J M
A P H I T H S I T R E P S K E A
N H N L H H U V T A N Z O P E N
Y T Y Y E A U N F M D K E И N I
```

ANALIZA

GODINE

ANTIKE

ZABORAVIO

POTOMAK

ERE

EKSPERT

FOSIL

MISTERIJA

OBJEKTE

KOSTI

PROFESOR

RELIKVIJA

ISTRAŽIVAČ

NEPOZNAT

TIM

HRAM

GROBNICA

PROCENA

5 - Salute e Benessere #1

```
G L A D S U R I V И A И N J V R
И S J T И T T K Z K O D A J I E
Y M I C N N A M T E R T V A S L
T C R H A F C V H Y K L I K I A
A K E T E R A P I J A M K Y N K
F E T Z И B V Y Z T J F A M A S
L S K H O S I G И S N K A I G A
S T A E V Y Ž D A P A O L Š S C
A K B R T F M Y И A F Ž E I И I
U P U A O O D Y L H G A K Ć J J
U C F K D G P D M A O Y Y A V A
K T U Z H K R A K E L R P P F H
Z P S U S K E L F E R L M K P N
F I C I N I L K E F B B O O M E
K U O L K H O A K T I V A N N A
L И B M F И M И G O D И O J C A
```

NAVIKA	MIŠIĆA
VISINA	ŽIVACA
AKTIVAN	HORMONA
BAKTERIJA	KOŽA
KLINICI	STAV
GLAD	REFLEKS
APOTEKE	RELAKSACIJA
PRELOM	TERAPIJA
LEK	TRETMAN
LEKAR	VIRUS

6 - Aggettivi #1

```
H  L  S  I  P  A  M  B  I  C  I  O  Z  A  N  N
I  R  P  L  D  A  L  M  Z  K  J  I  C  A  F  C
K  R  O  U  N  E  N  Č  I  T  O  Z  G  E  U  P
P  D  R  C  M  P  N  A  M  O  R  G  O  P  V  D
E  B  O  E  J  E  J  T  L  N  V  A  V  Z  R  V
I  P  A  I  G  L  T  D  I  E  L  D  A  B  K  A
V  R  E  D  N  E  L  N  H  Č  K  V  U  C  B  P
O  A  H  I  P  B  A  F  I  N  A  H  L  G  C  S
И  A  U  Z  C  A  D  G  U  Č  J  N  R  O  O  O
И  В  И  N  A  V  I  T  K  A  K  Š  E  T  P  L
V  И  U  I  A  N  B  A  K  I  L  E  V  O  Z  U
A  A  R  O  M  A  T  I  Č  N  O  P  A  E  J  T
Ž  V  Y  T  A  N  A  K  M  И  И  C  I  G  M  N
N  A  Š  U  D  O  K  I  L  E  V  A  A  K  Z  E
O  N  E  Š  R  V  A  S  V  Y  И  Z  L  O  M  F
I  S  K  R  E  N  A  R  E  D  O  M  G  Y  R  D
```

AMBICIOZAN	IDENTIČAN
AROMATIČNO	VAŽNO
UMETNIČKE	SPORO
APSOLUTNE	DUGO
AKTIVAN	MODERAN
OGROMAN	ISKREN
EGZOTIČNE	SAVRŠENO
VELIKODUŠAN	TEŠKA
MLAD	VREDNE
VELIKA	TANAK

7 - Geologia

```
M  J  E  P  S  E  L  O  N  P  K  P  L  T  J  A
G  K  D  P  T  I  N  E  Z  Z  F  O  T  A  L  P
R  I  T  E  A  E  R  O  Z  I  J  E  R  E  V  U
И  S  L  K  L  K  A  V  E  R  N  A  K  A  R  A
Z  E  D  J  A  A  L  V  U  L  K  A  N  S  L  V
Z  L  K  J  G  A  A  И  L  A  A  L  J  O  L  S
E  I  A  O  M  G  R  A  A  M  R  T  D  F  L  U
M  N  M  H  I  B  E  Y  P  R  A  И  J  D  S  И
L  E  E  G  T  Y  N  J  K  R  I  S  T  A  L  A
J  M  N  O  A  D  I  V  Z  U  N  L  A  L  F  F
O  P  H  E  J  P  M  U  J  I  C  L  A  K  O  P
T  S  T  A  L  A  K  T  I  T  R  R  J  M  S  P
R  H  H  H  I  H  Y  A  A  V  S  D  D  B  I  T
E  D  K  H  Y  P  Z  A  U  O  H  P  Z  K  L  B
S  K  V  A  R  C  R  A  N  Y  L  U  K  R  E  L
P  H  N  L  H  O  K  K  O  N  T  I  N  E  N  T
```

KISELINE
PLATO
KALCIJUM
KAVERNA
KONTINENT
KORAL
KRISTALA
EROZIJE
FOSIL
GEJZIR

LAVA
MINERALA
KAMEN
KVARC
SO
STALAGMITA
STALAKTIT
SLOJ
ZEMLJOTRES
VULKAN

8 - Campeggio

```
C J D G N I C P J K Y G Z O O P
K I Z P B M T H И K H F A Z U O
Š E Š I R A Ž I V O T I N J E Ž
P E I Z O P P D И O C F B G F A
J N O S T A T F C P L F C E F R
E I И J A P V P Z G S A P M O K
C B R I Š A R U T N A V A O G A
Y A Ć E S I V I P S H A K A N U
J K O N O P A C R J R B S L И N
N И L I F S Ć E K O E A H O U S
G U D N T K E S N I D Z P Z P O
I C V A G I V E B S N A E J Z T
M M I L V L R M D N M P F R M F
D И Z P M P D N U P M R N V O F
U B T O S L Y Z U P J V E I A U
V L Z C K R F B Š U M A S Y A D
```

DRVEĆA	ZABAVA
VISEĆA	ŠUMA
ŽIVOTINJE	POŽAR
AVANTURA	INSEKT
KOMPAS	JEZERO
KABINE	MESEC
LOV	MAPA
KANU	PLANINE
ŠEŠIR	PRIRODA
KONOPAC	ŠATOR

9 - Arti Visive

```
U  A  Š  Y  L  V  D  N  M  P  R  P  T  H  L  A
P  G  R  A  R  R  N  L  B  G  A  A  D  N  G  P
E  C  A  H  B  O  V  J  P  H  I  P  E  A  O  L
R  K  S  L  I  L  O  P  F  M  O  D  B  H  Y  D
S  R  T  G  J  T  O  V  T  S  R  A  K  I  L  S
P  E  A  L  S  B  E  N  E  F  A  V  O  R  I  P
E  A  L  I  A  M  K  K  R  U  E  O  L  E  O  M
K  T  A  N  S  Z  I  I  T  F  J  S  O  M  T  N
T  I  K  E  T  T  M  N  R  U  E  A  V  E  O  U
I  V  G  D  A  B  A  T  O  Z  R  K  K  K  O  S
V  N  S  E  V  O  R  E  P  Y  D  A  A  D  F  A
E  O  G  R·H  A  E  M  L  I  F  T  D  E  E  E
C  S  E  K  C  O  K  U  L  A  K  A  F  L  Y  K
Z  T  F  O  T  O  G  R  A  F  I  J  A  O  P  D
S  K  U  L  P  T  U  R  E  I  I  O  M  T  S  T
T  R  D  H  I  E  K  D  O  U  U  U  M  J  C  G
```

ARHITEKTURA	FILM
GLINE	FOTOGRAFIJA
UMETNIK	KREDE
REMEK-DELO	OLOVKA
UGALJ	SLIKARSTVO
STALAK	PERSPEKTIVE
VOSAK	PORTRET
KERAMIKE	SKULPTURE
SASTAV	ŠABLON
KREATIVNOST	LAK

10 - Tempo

```
J  S  P  Y  U  P  P  Z  L  O  И  P  Z  И  M  M
J  A  J  C  S  O  O  D  J  U  P  G  G  Y  H  T
P  I  H  C  K  P  S  L  C  R  P  R  E  Č  U  J
H  L  J  P  O  O  L  V  H  Z  P  A  O  O  F  M
E  R  E  I  R  D  E  M  E  S  E  C  A  D  I  N
V  D  P  N  O  N  M  O  R  U  A  E  S  A  B  U
L  F  S  L  O  E  И  B  R  A  H  N  K  N  U  K
J  U  T  R  O  Ć  И  И  M  M  P  J  A  V  D  A
V  E  K  A  T  U  N  E  R  T  A  S  J  D  U  L
Z  J  J  N  M  I  N  U  T  D  R  U  L  D  Ć  E
G  N  M  I  B  C  Y  O  V  E  R  P  E  N  N  N
D  Š  R  D  N  Z  P  N  E  И  A  E  D  S  O  D
T  I  P  O  M  E  P  B  P  H  M  V  E  C  S  A
H  D  A  G  И  T  C  A  P  T  D  N  N  H  T  R
J  O  L  R  G  G  И  E  И  E  P  T  C  R  S  J
L  G  A  S  J  S  M  M  D  I  M  B  J  D  B  J
```

GODINA
GODIŠNJE
KALENDAR
DECENIJE
POSLE
BUDUĆNOST
DAN
JUČE
JUTRO
MESECA

PODNE
MINUT
TRENUTAK
NOĆ
DANAS
SAT
USKORO
PRE
VEK
NEDELJA

11 - Astronomia

```
N  S  T  E  J  I  R  O  T  A  V  R  E  S  P  O
E  V  E  Đ  S  F  A  J  I  S  K  A  L  A  G  S
B  E  L  Ž  U  P  K  M  E  S  E  C  T  L  G  K
O  M  E  E  P  L  E  M  J  I  A  O  C  U  R  O
K  I  S  V  E  A  T  H  L  S  C  A  P  B  A  S
Z  R  K  Z  R  N  A  A  M  G  I  T  M  E  V  M
C  N  O  A  N  E  O  L  E  L  N  U  H  N  I  O
D  A  P  S  O  T  A  G  Z  H  V  A  U  E  T  S
C  A  S  A  V  E  Z  R  A  Č  E  N  J  A  A  U
H  D  S  T  A  U  C  P  U  B  N  O  И  A  C  S
R  O  E  T  E  M  F  S  B  R  D  R  B  G  I  Y
H  N  C  P  R  R  И  E  E  E  O  T  K  S  J  R
R  J  H  A  K  O  O  I  R  S  N  S  C  N  E  D
B  N  M  N  S  C  N  I  L  T  V  A  R  K  N  H
G  B  V  M  A  O  S  O  D  M  A  И  J  T  P  B
R  C  O  E  A  S  H  U  M  I  R  B  B  A  G  I
```

ASTEROID	METEOR
ASTRONAUTA	NEBULA
ASTRONOM	OPSERVATORIJE
NEBO	PLANETE
KOSMOS	ZRAČENJA
SAZVEŽĐE	RAKETA
RAVNODNEVNICA	SUPERNOVA
GALAKSIJA	TELESKOP
GRAVITACIJE	ZEMLJE
MESEC	SVEMIR

12 - Algebra

```
P  R  O  M  E  N  L  J  I  V  A  D  Z  B  G  T
C  R  C  T  U  И  P  P  T  I  U  H  H  R  R  S
O  O  E  N  Ž  A  L  A  N  I  Č  I  L  O  K  G
D  T  R  Š  A  L  T  I  E  U  A  Y  B  J  F  M
R  K  A  T  E  U  S  A  N  M  A  T  R  I  C  A
V  A  Y  G  A  N  C  O  O  G  R  G  D  A  L  R
O  F  U  K  Z  N  J  Y  P  Z  R  G  P  D  I  G
Z  D  Y  L  D  E  K  E  S  D  O  A  R  P  N  A
A  F  U  Y  R  A  J  P  K  O  И  U  F  G  E  J
G  P  L  Z  И  S  R  P  E  V  H  S  K  J  A  I
R  G  U  Z  I  J  E  D  N  A  Č  I  N  A  R  D
A  D  M  D  N  M  F  R  A  K  C  I  J  A  N  H
D  K  R  E  P  E  A  P  R  O  B  L  E  M  E  Z
A  E  O  I  G  A  A  N  J  A  R  K  S  E  B  P
A  D  F  S  T  R  N  C  J  L  A  D  P  R  M  U
F  J  J  T  U  O  N  C  C  E  L  И  H  R  S  I
```

DIJAGRAM
ODSEK
JEDNAČINA
EKSPONENT
LAŽNE
FAKTOR
FORMULU
FRAKCIJA
GRAF
BESKRAJNA

LINEARNE
MATRICA
BROJ
ZAGRADA
PROBLEM
KOLIČINA
REŠENJE
ODUZIMANJE
PROMENLJIVA
NULA

13 - Mitologia

```
D R Y U Z K S H U L R S G J H L
C H M J P E Z J L D A K R M E J
C U N R G E I Z E K T A M P R U
L O L A R G D A N L N T L O O B
L O D P L C B D Č Y I A J N J O
B D P A R H E T I P K S A A B M
S M U N J E B S G A A T V Š O O
M I I A D S T L A G T R I A Ž R
R P L A O N H Š M Z E O N N A E
T S S Y S A C L I N V F A J N A
N E G E I G K N A V S E Z E S L
I N U P A E J N E R O V T S T L
B E S M R T N O S T N D P D A A
L A V I R I N T J Y V D U D V T
S T V A R A N J E F O M P Č A A
K U L T U R A D N E G E L S Y C
```

ARHETIP
PONAŠANJE
STVORENJE
STVARANJE
KULTURA
KATASTROFE
BOŽANSTAVA
HEROJ
SNAGE
MUNJE

LJUBOMORE
RATNIK
BESMRTNOST
LAVIRINT
LEGENDA
MAGIČNE
SMRTNI
ČUDOVIŠTE
GRMLJAVINA
OSVETA

14 - Piante

```
B  Đ  U  B  R  I  V  A  L  U  K  Z  K  P  D  B
A  F  L  O  R  E  K  I  N  A  T  O  B  I  P  A
M  L  L  A  F  Z  D  B  P  Z  U  Z  H  C  O  Š
B  I  I  V  O  K  E  R  A  E  G  F  M  F  G  T
U  V  F  Š  N  I  B  Š  S  L  A  T  I  C  A  A
S  B  C  F  Ć  K  I  L  U  G  M  M  R  F  Y  D
U  E  V  L  C  E  O  J  L  J  V  M  R  S  E  P
T  E  E  T  S  A  R  A  J  A  K  B  E  F  P  C
K  Š  T  V  P  H  A  N  E  R  O  K  B  M  Z  P
A  D  U  T  F  C  M  A  H  O  V  I  N  A  G  B
K  C  R  M  V  E  G  E  T  A  C  I  J  E  И  R
V  C  A  V  A  K  P  T  P  R  H  R  F  C  I  B
D  G  R  M  O  E  J  U  Z  H  K  D  I  K  H
I  G  J  D  U  D  Z  A  C  O  G  D  A  U  H  E
A  Z  L  F  H  Z  T  M  O  Y  O  T  R  A  V  A
F  G  I  I  И  A  T  A  F  T  I  F  T  S  V  H
```

DRVO	ĐUBRIVA
BERRI	CVET
BAMBUS	FLORE
BOTANIKE	LIŠĆE
KAKTUS	ŠUMA
GRM	BAŠTA
RASTE	MAHOVINA
BRŠLJAN	LATICA
TRAVA	KOREN
PASULJ	VEGETACIJE

15 - Spezie

```
V V K K H O R K U L I L E B K T
Y A G K A R I A S O C M Ć Đ O U
I Z N K H L A R S И G I I U M R
O P V I A A Y D S I V T D M O M
L Z L V L D A A F J N C A B R E
A E И P P E P M V D L A L I A R
P A P R I K A O K T A L S R Č I
E N N V T S Y M U E U G F A A C
B T P A S H K O L M C A O И A K
I I O H N O M J O I И M K R M H
B A И J E O O P S C C J U D K K
E E B I И U P D D E V T M Y O A
R E D N A J I R O K T G I J M F
I C B V M P Š A F R A N N D C Z
U P U S F L F F D N Z L Z G G J
C C U K U S Z N V G L A A O Y E
```

BELI LUK
GORKA
ANISA
CIMET
KARDAMOM
LUK
KORIJANDER
KUMIN
TURMERIC
KARI

SLATKO
KOMORAČ
UKUS
SLADIĆE
PAPRIKA
BIBER
SO
VANILE
ŠAFRAN
ĐUMBIR

16 - Numeri

```
Š L I Š S O S N I P Y A F C H P
R E G I E K B E Z B I P C P S E
N И S Y T S E A N R T E Č A Z T
S V H T E P N V T I U B N Z O N
E J B F И F T A L U N F H T S A
D T R I P R C И E C S J V R A E
A Y A A S A Y Č Z S L P D P M S
M R J E P T S E A N T E V E D T
N Y T A D P T T E S E D A S Z M
A P F P V Z U I M A V Y U D V A
E T S E A N I R T S E A N A V D
S A N U D N R I I L D И M N I E
T T E B E L A J P U O K T E B S
R G Z T S J C O P F D Z V F V E
A E Z F E D E C I M A L N E H V
E P V J T S E A N M A S O R S P
```

PET	ČETRNAEST
DECIMALNE	ČETIRI
DEVETNAEST	PETNAEST
SEDAMNAEST	ŠESNAEST
OSAMNAEST	ŠEST
DESET	SEDAM
DVANAEST	TRI
DVA	TRINAEST
DEVET	DVADESET
OSAM	NULA

17 - Cioccolato

```
Š Y A K L U K Z И P T Z I I Y V
E K K O K B S U K U H V E L D G
Ć G Z K N G N E P Y B P B A Y O
E T D O И H A R P Z N P C Y S R
R O D S F Z D K I K I R I K I K
A H A T E T I L A V K U U N D A
R J M M M Y S N O M I L J E N I
S E H Y O E K E G Z O T I Č N E
E A C V R P O A K A K V Z И O A
J V S E A K I B L N H D D J P H
E T G T P Y T N E O N S U K U Y
F Y G B O T N C M B R F G D M P
P U M T I J A И A M O I H G Z G
S L A T K O A B R O И F J G Y L
P P C H Z A A K A B E G O A D N
D L J S Y S P I K S T A N A Z K
```

GORKA
ANTIOKSIDANS
KIKIRIKI
AROME
ZANATSKI
KAKAO
KALORIJA
BOMBONA
KARAMEL
UKUSNO

SLATKO
EGZOTIČNE
UKUS
SASTOJAK
KOKOS
PRAH
OMILJENI
KVALITET
RECEPT
ŠEĆERA

18 - Guida

```
G  T  B  D  M  P  K  N  E  M  S  F  O  U  L  R
A  M  A  I  M  O  N  D  K  Y  A  P  A  M  C  R
S  K  G  K  M  C  T  J  T  S  O  N  S  A  P  O
A  U  T  O  B  U  S  O  H  P  B  T  И  Ž  H  A
G  N  E  S  R  E  Ć  A  R  R  R  U  S  A  S  Y
V  O  Z  I  O  J  M  N  M  E  A  N  I  R  K  N
Y  J  R  E  N  H  M  I  U  V  Ć  E  G  A  Y  P
U  Y  J  I  S  I  B  Z  C  O  A  L  U  G  M  A
P  Y  D  Y  V  V  Y  P  R  N  Z  J  И  R  B  V  J
C  O  B  N  P  O  S  B  E  Z  A  F  N  L  F  K
S  I  L  K  O  Č  N  I  C  E  O  B  O  T  P  O
K  Y  Y  I  T  K  Y  G  I  R  K  Y  S  C  O  L
Z  D  J  I  C  H  A  H  L  P  S  C  T  K  F  A
U  A  E  V  H  I  Z  И  R  O  T  E  U  C  F  И
A  R  C  Z  S  C  J  F  D  J  U  F  P  K  I  G
R  I  J  S  S  И  K  A  Š  E  P  M  N  Y  D  И
```

OPREZ	MOTOR
KOLA	PEŠAK
AUTOBUS	OPASNOST
GORIVO	POLICIJA
KOČNICE	SIGURNOST
GARAŽA	PUT
GAS	SAOBRAĆAJA
NESREĆA	PREVOZ
LICENCU	TUNEL
MAPA	BRZINA

19 - I Media

```
F F I I K O M U N I K A C I J A
I O N Z N K A J I Z I V E L E T
N T L K D T J A V N I O P A L H
A O A D O A E C L D S V S B A Z
N G K N A O N L F E N A V B J I
S R O V Z I N J E C F T M D I N
I A L P G D U L E K I S И A R L
R F N Y D A U T I Z T C I N T A
A I R S V R F P F N U U J I S J
N J J A N E Y H N H E N A Z U I
J E Č I N J E N I C E O Ž L D C
E M I Š L J E N J E A V E Y N R
D I G I T A L N I I H I R L I E
O B R A Z O V A N J E N M E M M
J G L S D P J A J D O E G A P O
P P O J E D I N A C D N B F H K
```

STAVOVA   POJEDINAC
KOMERCIJALNI   INDUSTRIJA
KOMUNIKACIJA   INTELEKTUALNE
DIGITALNI   LOKALNI
IZDANJE   ONLINE
OBRAZOVANJE   MIŠLJENJE
ČINJENICE   JAVNI
FINANSIRANJE   RADIO
FOTOGRAFIJE   MREŽA
NOVINE   TELEVIZIJA

20 - Forza e Gravità

```
M P E E K S P A N Z I J A U P U
E T R M R И S R G I P P K T L N
H L Z B T T S G K J K G T I A I
A И B T S O N E J L A D U C N V
N M O И R O P S P B S E S A E E
I L A I N E K O L R I U P J T R
K U M Z O U N P D Z T H A B E Z
E P P Y I U N J Z I I И A R J A
S V O J S T V A A N R E Y B P L
E O O C P I E G R A P J M L O N
Z J P P U B F N C E N T A R K A
V R E M E R V I G P F N F S R S
Y A E N C O D I Z A U D T H E F
T E Ž I N A O T A I M Y J K T M
D I N A M I Č A N L K S C H U Z
S L I O T K R I Ć E И E L G O I
```

OSE
TRENJA
CENTAR
DINAMIČAN
UDALJENOST
EKSPANZIJA
FIZIKE
UTICAJ
MAGNETIZAM
MEHANIKE

POKRETU
ORBITU
TEŽINA
PLANETE
PRITISAK
SVOJSTVA
OTKRIĆE
VREME
UNIVERZALNA
BRZINA

21 - Uccelli

```
P O P F M U D H H F K M C N R I
I P R A K S U G E L V R A P C A
N I B A T S E S R A M A J N F G
G S U D O K J Z O M T J O T J R
V S L E C A A P N I D O N M E P
I N O S P B G M H N R O D A M A
N D G K C I A G Y G R E J O K U
A L R D O V P L J O P Y S C U N
K T L E A K A I N T U Z I M E P
U N S O C R P Z A A P C S I F G
T O G N I E U A K G L N U L F B
M U F Y V O K M M S I R J S C M
M B E L A G S M J S Z G E H T E
P E L I K A N S A J F S T L Y F
E D I D U B A L J D A P Y U M Y
P U P P K S U S E S O P P O O P
```

HERON   GUSKA
PATKA   PAPAGAJ
ORAO   VRAPCA
RODA   PAUN
LABUD   PELIKAN
GOLUB   PINGVIN
KUKAVICA   PILE
SOKO   NOJA
FLAMINGO   TUKAN
GALEB   JAJE

22 - Giorni e Mesi

```
A G P O N E D E L J A K N P O J
D O J H A O A A L I O A E F K M
S D A S Y M C T Y V Y M S I T E
S I N J Z A T O B U S Y И Z O S
P N U P V R A U R B E F E H B E
N A A F U Š D И U T O R A K A C
A E R A B M E C E D J G F I R A
P L D N S A R P E T A K E N V C
R K A E O R S P T A K K J D F H
I A Z T L V D G Y K S M E Z N Y
L L U J D J E S E F C A I H N M
T E И A A И A M I P F M A I B I
G N R P J P I Y B F O H B D C B
S D S E L Y J G V A A C B P N V
P A D N T S U G V A R V F T V C
S R H L N U N S E P T E M B A R
```

AVGUST
GODINA
APRIL
KALENDAR
DECEMBAR
SUBOTA
FEBRUAR
JANUAR
JUN
JUL

PONEDELJAK
UTORAK
MARŠ
SREDA
MESECA
NOVEMBAR
OKTOBAR
SEPTEMBAR
NEDELJA
PETAK

23 - Casa

```
T F J S E D E H Z U R И B Y И K
P U N A V A T E S B N Y L A C U
P J Š V I O V A И L U P U K M H
I S N J T L A K P D M P P A E I
T E P I H A S L A V I N A M T N
A P T P I D D V T O L Z T I L J
F N F G M E K R Š R S G A N A A
Z S O B A L H P A K I O R V U T
O И Z V И G N D B P O D V J G B
B I B L I O T E K E M J H K A C
H V P R O Z O R P I B A R J R D
P L A F O N И P B F J H L R A E
N F V P S Y H G J И A T N F Ž G
G N H U D L A G U M J P Z Y A E
O G R A D E R P N A P D D U Z P
P U F U R S E T U A Z L I C И N
```

TAVANU

BIBLIOTEKE

SOBA

KAMIN

KUHINJA

TUŠ

PROZOR

GARAŽA

BAŠTA

LAMPA

ZID

POD

VRATA

OGRADE

SLAVINA

METLA

PLAFON

OGLEDALO

TEPIH

KROV

24 - Fantascienza

```
P  A  F  B  F  S  R  K  C  J  Z  E  R  I  E  T
I  T  A  N  U  V  O  P  N  T  V  E  C  L  K  A
M  O  N  G  T  S  B  T  L  J  G  E  H  U  S  J
A  M  T  O  U  Y  O  O  Y  A  I  Y  S  Z  P  A
G  S  A  P  R  H  T  E  V  S  N  G  R  I  L  N
I  K  S  P  I  B  A  L  R  B  J  E  E  J  O  S
N  E  T  R  S  I  J  H  V  T  L  P  T  E  Z  T
A  U  I  O  T  O  I  P  Y  U  T  P  C  E  I  V
R  T  Č  R  I  S  G  N  D  A  C  C  D  C  J  E
N  O  A  O  Č  K  O  N  L  A  E  R  E  S  E  N
E  P  N  Č  K  O  L  D  I  S  T  O  P  I  J  A
E  I  A  I  I  P  O  G  A  L  A  K  S  I  J  A
R  J  M  Š  P  Y  N  I  I  B  A  S  U  R  F  G
B  E  Z  T  U  V  H  P  O  Ž  A  R  S  Z  I  V
A  R  K  E  N  M  E  R  T  S  K  E  N  M  B  K
H  C  A  S  A  H  T  U  C  N  A  O  C  T  T  G
```

ATOMSKE
BIOSKOP
DISTOPIJA
EKSPLOZIJE
EKSTREMNE
FANTASTIČAN
POŽAR
FUTURISTIČKI
GALAKSIJA
ILUZIJE

IMAGINARNE
KNJIGE
TAJANSTVEN
SVET
PROROČIŠTE
PLANETE
REALNO
ROBOTA
TEHNOLOGIJA
UTOPIJE

25 - Città

```
P  T  I  Y  B  P  G  A  L  E  R  I  J  A  D  I
P  E  N  L  P  K  A  A  E  R  O  D  R  O  M  V
A  S  K  G  A  B  L  C  P  A  B  M  N  A  H  L
U  Z  N  A  I  U  O  S  I  P  D  J  N  M  G  P
J  K  K  P  R  T  K  S  S  N  C  O  S  A  G  A
F  I  Y  T  C  A  Š  P  Y  F  V  V  H  A  G  R
F  B  I  O  S  K  O  P  N  K  U  A  E  R  B  E
U  N  I  V  E  R  Z  I  T  E  T  P  D  Ć  M  J
D  P  Y  L  L  P  T  T  R  V  O  O  Z  O  A  U
M  U  Z  E  J  L  S  J  R  O  V  T  P  I  R  R
E  K  E  T  O  I  L  B  I  B  R  E  B  G  P  P
J  N  O  I  D  A  T  S  T  E  K  E  L  G  N
O  B  F  H  K  L  I  N  I  C  I  E  K  N  A  B
S  U  P  E  R  M  A  R  K  E  T  A  D  B  S  L
T  N  K  N  J  I  Ž  A  R  A  A  L  H  H  V  N
T  R  Ž  I  Š  T  E  P  O  Z  O  R  I  Š  T  E
```

AERODROM	TRŽIŠTE
BANKE	MUZEJ
BIBLIOTEKE	PRODAVNICA
BIOSKOP	PEKARA
KLINICI	ŠKOLA
APOTEKE	STADION
CVEĆAR	SUPERMARKETA
GALERIJA	POZORIŠTE
HOTEL	UNIVERZITET
KNJIŽARA	ZOO VRT

26 - Fattoria #1

```
A  Z  M  P  M  B  F  K  O  Z  A  P  A  U  E  K
B  T  D  C  E  A  P  P  D  I  D  J  S  E  D  E
P  B  S  P  J  G  H  S  P  M  O  N  N  R  E  Y
R  P  K  S  A  I  H  E  P  P  V  O  A  I  R  V
J  H  O  D  I  И  N  N  R  И  V  K  F  K  V  И
A  V  A  R  K  A  F  O  M  J  P  M  И  D  I  S
T  O  B  F  S  Z  P  T  J  Z  M  P  T  E  R  C
O  F  A  D  S  F  S  G  Y  E  M  V  J  K  P  M
M  C  P  I  L  E  D  A  R  G  O  K  L  G  O  E
F  A  L  Č  P  И  B  P  S  E  M  E  Z  J  D
M  R  Č  A  N  I  R  I  P  Y  O  Z  L  P  L  G
P  A  T  K  Đ  U  B  R  I  V  A  P  E  K  O  P
H  G  P  A  A  E  N  A  M  U  D  O  T  L  P  N
C  A  H  S  B  Y  E  И  L  C  C  L  E  F  B  T
И  M  Z  Z  M  D  H  L  H  T  R  J  C  J  G  H
B  S  K  N  A  S  L  T  P  Y  R  E  V  K  L  S
```

VODA	MAČKA
POLJOPRIVREDE	JATO
PČELA	SVINJA
MAGARAC	MED
POLJE	KRAVA
PAS	PILE
KOZA	OGRADE
KONJ	PIRINAČ
ĐUBRIVA	SEME
SENO	TELE

27 - Psicologia

```
I  L  S  I  M  M  I  D  P  A  F  C  G  R  G  I
O  S  P  O  N  A  Š  A  N  J  E  J  E  D  I  P
L  A  K  S  O  A  E  P  F  V  O  A  K  O  U  V
S  I  E  U  B  E  G  O  S  U  A  Z  I  A  T  L
E  P  Č  I  S  D  A  N  M  N  Z  B  Z  J  O  A
N  R  S  N  G  T  Z  N  E  S  V  E  S  N  O  T
Z  O  E  A  O  A  V  T  S  J  N  I  T  E  D  R
A  B  C  B  S  S  L  A  T  I  B  D  S  K  O  E
C  L  L  O  P  T  T  K  N  P  I  F  E  Č  H  A
I  E  A  K  N  D  A  И  F  P  Z  V  I  И  L
J  M  A  U  Z  E  U  N  S  Y  E  A  S  N  F  N
A  G  L  S  U  L  Y  P  A  P  E  E  D  I  J  O
T  E  R  A  P  I  J  A  И  K  O  A  O  L  L  S
E  M  O  C  I  J  A  N  E  C  O  R  P  K  R  T
S  P  O  Z  N  A  J  E  C  B  O  C  P  G  M  K
P  E  R  C  E  P  C  I  J  E  S  U  K  B  V  P
```

SASTANAK	DETINJSTVA
KLINIČKE	MISLI
SPOZNAJE	PERCEPCIJE
PONAŠANJE	LIČNOSTI
SUKOBA	PROBLEM
EGO	REALNOST
EMOCIJA	SENZACIJA
ISKUSTVA	PODSVEST
IDEJE	TERAPIJA
NESVESNO	PROCENA

28 - Paesaggi

```
N Z A L A O V R T S O U L O P L
H T H C O O Z T T A P U P V L D
И И K S P S H B V C C B J O A A
S D N V U F C K J R S T G D Ž S
O S T R V O F N O O D R B O A C
И E L M E F B N A K L U V P R F
G A G E R B G O N E D E L A A F
O E Y K R A G И I A R L C D V J
C N J C A D V И J N E O H R Č L
A I H Z D Z N И N J Č A M Z O A
F Ć P E I P N U I E E Z A O M E
L E A A L R I P T Z L R D O T Z
M P D O L I N I S E G J E H D L
F И R E K E И C U R C T O J P Z
P L A N I N E A P O И Y T И N P
O A N M D I T S L B A Z L T V T
```

VODOPAD

BRDO

PUSTINJI

REKE

GEJZIR

GLEČER

PEĆINE

LEDENOG BREGA

OSTRVO

JEZERO

MORE

PLANINE

OAZE

OKEAN

MOČVARA

POLUOSTRVO

PLAŽA

TUNDRE

DOLINI

VULKAN

29 - Energia

```
O  B  E  A  P  J  A  L  P  U  N  I  B  R  U  T
S  T  P  I  A  T  S  B  U  I  U  B  J  S  K  V
R  Z  K  N  R  A  U  I  E  P  K  D  K  B  N  E
A  U  J  N  E  Ž  U  R  K  O  L  H  I  H  D  T
I  N  D  U  S  T  R  I  J  A  E  J  N  Z  O  A
O  B  N  O  V  L  J  I  V  E  A  V  O  C  E  R
M  E  N  T  R  O  P  I  J  E  R  F  D  J  J  L
R  V  J  D  K  N  Z  N  T  L  N  И  O  B  I  E
B  E  N  Z  I  N  A  Č  I  O  E  N  V  L  R  L
V  F  O  T  N  P  G  I  M  F  P  J  S  J  E  E
R  M  T  R  E  V  A  R  I  O  S  L  E  Y  T  K
S  Y  O  E  J  B  Đ  T  P  V  T  S  O  T  A  T
A  Y  F  H  L  S  E  K  R  I  L  O  L  T  B  R
P  R  A  R  G  G  N  E  K  R  B  K  R  R  E  O
C  R  Y  O  U  K  J  L  A  O  A  S  P  C  D  N
L  D  D  B  B  И  A  E  D  G  T  R  P  T  H  И
```

OKRUŽENJU	FOTON
BATERIJE	VODONIK
BENZIN	INDUSTRIJA
TOPLOTE	ZAGAĐENJA
UGLJENIK	MOTOR
GORIVO	NUKLEARNE
DIZEL	OBNOVLJIVE
ELEKTRIČNI	TURBINU
ELEKTRON	PARE
ENTROPIJE	VETAR

30 - Moda

```
O O M O A Č E L E G A N T A N G
R B M D H R I P R A K T I Č N E
I R I E I И T P S K U P O A R R
G A N Ć V E Z И K R V V M G M U
I Z I U T F U O T E M D B E T T
N A M C K U D A M G U D U C L S
A C A N A M O R K S F K T M K K
L J L R N И B B D G C Y I A E E
N G I J I K A E B P Y E K B A T
E R S J N J N A R E D O M D L L
K C T P A S M P I H K N D M U P
U P A P I И A K K M T H E G M R
M L A T V K I B A L D T U R O N
P P G V Z Y K S T I L I O Z T D
J E D N O S T A V A N R Z F D Z
S O F I S T I C I R A N G A E H
```

ODEĆU
BUTIK
SKUPO
UDOBAN
ELEGANTAN
MINIMALISTA
OBRAZAC
MODERAN
SKROMAN
ORIGINALNE

ČIPKE
PRAKTIČNE
DUGMAD
VEZ
JEDNOSTAVAN
SOFISTICIRAN
STIL
TREND
TKANINA
TEKSTURE

31 - L'Azienda

```
R  P  Z  T  J  S  R  A  H  L  P  I  L  V  E  P
E  R  A  O  H  I  J  N  G  H  M  N  И  B  P  R
S  E  P  B  E  C  И  E  Z  N  B  V  K  K  Y  O
U  Z  O  Z  N  Y  A  И  K  L  D  E  L  G  U  F
R  E  S  K  V  A  L  I  T  E  T  S  P  Z  M  E
S  N  L  Z  I  R  K  F  B  S  V  T  L  P  O  S
E  T  E  Z  T  E  I  U  Y  E  L  I  A  M  G  I
N  A  N  J  A  M  H  Z  L  И  V  C  T  H  U  O
V  C  J  R  V  B  L  M  I  D  M  I  E  P  Ć  N
I  I  E  Z  O  T  Z  F  P  C  O  J  I  P  N  A
T  J  L  I  N  K  S  C  T  A  I  A  G  R  O  L
A  A  J  H  I  N  A  P  R  E  D  A  K  I  S  N
E  M  A  I  N  D  U  S  T  R  I  J  A  H  T  I
R  G  G  L  O  B  A  L  N  O  C  A  U  O  D  B
K  P  R  O  I  Z  V  O  D  D  A  H  A  D  B  P
T  R  E  N  D  O  V  E  J  E  D  I  N  I  C  E
```

KREATIVNE
ODLUKA
GLOBALNO
INDUSTRIJA
INOVATIVNE
INVESTICIJA
ZAPOSLENJE
MOGUĆNOST
PREZENTACIJA
PROIZVOD

PROFESIONALNI
NAPREDAK
KVALITET
PRIHOD
UGLED
RIZICI
RESURSE
PLATE
TRENDOVE
JEDINICE

32 - Giardino

```
A E J B S G V S J K G L E J U A
B N P Y H E A G A B Y O G A L V
O S C A E G G J N F L P V G U И
U Z K R G R A B L J E A P U L K
H V T P T C R E V O E T E V C L
A A H J A P A D V F O A H T P G
P J S K P P C A V I S S P R P I
B N И J A Ž A R A G B Z U A K S
J A V P R J R G H N J H C V P J
E J Š Y R T N O I C T И M A F P
Z V S T B И O V V O Ć N J A K I
E A P D A T E R A S A Ć E S I V
R A V Z N S И D C R L F P M P O
U Y И A A D C O H G T J И F Z R
T R A M P O L I N N R N V И P O
A S И J U Z E M L J A M P N J K
```

DRVO
VISEĆA
GRM
TRAVA
KOROV
CVET
VOĆNJAK
GARAŽA
BAŠTA
LOPATA

KLUPA
TRAVNJAK
GRABLJE
OGRADE
JEZERU
ZEMLJA
TERASA
TRAMPOLIN
CREVO
VAJN

33 - Riscaldamento Globale

```
G A R K T I K V Z J B U Z S P L
E T D H N L J C A A D A S U O J
N E U R F J A S T Y K G K K D V
E M A N B O V M K M A O I G A M
R P U N V V S I A P M K N A T E
A E D T P Z V N K A B F Č A A Đ
C R J S T A N I Š T A K U M K U
I A O O A R K V O R A G A P A N
J T O N P G M K L D Y Z N K C A
E U M Ć A A N L O A V B T P K R
Y R P U Ž U A H K V D A E Y A O
A E U D N L N O E L P A Y B O D
J T V U J K L I M A S P И A J N
V N E B A I N D U S T R I J A I
E N E R G I J A O M A L A Y P J
P O P U L A C I J E Z I R K I K
```

EKOLOŠKA
ARKTIK
PAŽNJA
KLIMA
KRIZE
PODATAKA
ENERGIJA
BUDUĆNOST
GAS
GENERACIJE

VLADA
STANIŠTA
INDUSTRIJA
MEĐUNARODNI
ZAKONA
SADA
POPULACIJE
NAUČNIK
RAZVOJ
TEMPERATURE

34 - Frutta

```
G R O Ž Đ A H P K H K H T K V L
A K И D K P A B Y M A L P R K I
D J C H K L P U A T J И D U O M
A L P C Y A P L T И S S A Š O U
N N R D E J N Š I V I A M K E N
I K A O G N A M K I J G I E F S
P A T N L I N B C V E J I V I И
U A S P A D I H U I M M S K R D
K A C V P S R J L K P P L S B O
P K O L R O A B P U A M L E V P
F E A P T И T D A A V L J R G M
L Y B Z N J K H Z N И Y P B A H
M K P L I T E N I L A M И И E P
B E R R I J N B O Z Y N B T P G
A V O K A D O G O P P C E V I V
P A P A J A Ž D N A R O M O P M
```

KAJSIJE
ANANAS
POMORANDŽA
AVOKADO
BERRI
BANANE
VIŠNJE
KIVI
MALINE
LIMUN

MANGO
JABUKA
DINJA
KUPINA
NEKTARINA
PAPAJA
KRUŠKE
BRESKVE
PLAM
GROŽĐA

35 - Fattoria #2

```
E J N A V A J N D O V A N P R F
C G P N L O F P V K M I J A D S
V A E A V A Ć T K N F J C O I G
O M P R M S M N F O K M A Z D U
P R Z H K F I E J A E I E U Y S
K O Š N I C A E E A D A V I L K
J A G N J E M И A R K G Ž T P E
P H J A H F B Y P D R D I K C M
T U L A E B V J E Č A M V U J P
T D G E Y H O J C P B T O K P И
F P E F A G Ć I I K M Y T U A J
J A Z C F K E I N T A P I R T G
S A R I T S A P E A K D N U K L
O I F M L P Y V Š L S H J Z A S
P L I K E E P L P N A И E M P B
M L E K A R O T K A R T M H R C
```

JAGNJE	NAVODNJAVANJE
FARMER	LAME
KOŠNICA	MLEKA
PATKA	KUKURUZ
ŽIVOTINJE	GUSKE
HRANA	JEČAM
AMBAR	PASTIR
VOĆE	OVCE
VOĆNJAK	LIVADA
PŠENICE	TRAKTOR

36 - Verdure

```
V F H Š I И C R И P R P A R B
H P N N A Ž D I L T A P A R O E
I L O K O R B C E L E R R T T L
G U S U Z H G S R G N N A I K I
A L R L И K I A S H A L D Č V L
P E J Y E O S V R L U F A O I U
T V T I B N P H И E A V D J K C K
K E P D V Z E H U P P L Z E A H
G D H C D A R V K P Y A E R F K
Đ N R A P K Š S A L A T A O L R
R U U L I Š U G C S P A N A Ć O
E B M G A A N K P N И M A Š Z M
P V Z B K R A S T A V A C A D P
A E Z F I G Y T Y A G S J L J I
O U K B J R A I V C P A A O H R
F U A V G И Y M N C L И Z T G B
```

BELI LUK
BROKOLI
ARTIČOKE
ŠARGAREPA
KRASTAVAC
LUK
GLJIVA
SALATA
PATLIDŽAN
KROMPIR

GRAŠKA
PARADAJZ
PERŠUN
REPA
ROTKVICA
ŠALOT
CELER
SPANAĆ
ĐUMBIR
BUNDEVE

37 - Musica

```
O  S  L  F  H  D  M  L  L  M  U  B  L  A  Y  G
Z  R  M  I  K  R  O  F  O  N  E  Z  A  И  T  K
J  A  A  K  C  O  P  C  O  F  D  L  K  I  E  P
J  P  V  S  H  H  B  E  И  A  I  D  O  P  L  M
C  U  E  R  B  A  M  R  V  E  L  G  V  D  A  A
T  J  P  I  O  D  R  C  R  A  P  M  I  L  I  A
N  L  И  L  B  A  A  M  P  S  Č  O  P  E  R  E
E  Y  N  P  A  L  Č  B  O  J  C  I  B  S  C  O
M  A  T  I  R  A  I  D  J  N  R  S  C  H  N  A
U  V  J  A  I  B  Z  L  I  P  I  U  A  A  T  P
R  A  R  V  M  M  U  E  S  Z  Z  K  A  L  N  H
T  A  A  N  O  P  M  D  S  V  M  H  A  E  A  M
S  N  I  M  A  N  J  E  K  Č  I  N  S  E  P  F
N  H  A  R  M  O  N  I  J  E  K  Č  I  Z  U  M
I  G  H  T  Y  J  D  K  L  A  S  I  Č  N  E  G
O  M  K  P  R  I  T  M  I  Č  K  E  T  K  A  M
```

ALBUM	MIKROFON
HARMONIJE	MUZIČKE
HARMONIKA	MUZIČAR
BALADA	OPERE
PEVAČICA	PESNIČKE
PEVAM	SNIMANJE
KLASIČNE	RITMIČKE
HOR	RITAM
LIRSKI	INSTRUMENT
MELODI	VOKAL

38 - Barbecue

```
L  R  I  A  O  N  R  U  Č  A  K  K  F  D  P  Y
E  E  O  O  P  G  O  P  I  L  E  K  L  S  A  Z
T  B  D  Š  G  G  S  Ž  M  E  D  U  F  J  R  O
O  I  V  R  T  H  O  A  E  T  A  L  A  S  A  N
S  B  M  C  L  I  S  S  V  V  H  L  U  K  D  D
H  R  A  N  A  K  L  K  T  I  I  L  J  V  A  Z
M  U  Z  I  K  A  D  J  H  Z  Y  D  Y  Z  J  A
V  N  R  U  P  G  A  Y  O  O  N  P  P  G  Z  S
S  A  A  P  H  P  B  O  M  P  T  M  L  Y  L  M
B  V  K  M  M  V  B  K  L  H  V  D  I  C  O  G
A  L  N  J  H  Y  M  T  L  P  Y  N  P  P  C  F
J  P  O  R  O  D  I  C  A  B  D  D  Y  K  M  I
U  P  E  Z  D  S  A  E  R  T  R  M  A  D  V  R
I  G  R  E  D  N  A  L  F  P  O  U  D  N  A  E
S  L  T  L  F  P  N  T  G  U  N  E  C  J  S  P
E  V  R  U  Ć  E  Ć  O  V  E  Č  E  R  A  C  Y
```

VRUĆE	ROŠTILJ
VEČERA	SALATE
HRANA	POZIV
LUK	MUZIKA
NOŽEVI	BIBER
LETO	PILE
GLAD	PARADAJZ
PORODICA	RUČAK
VOĆE	SO
IGRE	SOS

39 - Fisica

```
T  T  U  L  U  M  R  O  F  A  R  B  D  И  H  A
H  D  I  M  J  H  E  N  R  A  E  L  K  U  N  R
G  A  K  L  Z  G  R  H  P  F  J  S  K  V  P  L
R  J  O  K  U  Z  И  Y  A  Č  E  S  T  I  C  A
A  I  L  S  B  K  U  R  F  N  N  A  Y  M  O  D
V  C  H  L  R  P  E  M  D  S  I  G  A  U  L  C
I  N  U  O  Z  I  D  L  M  И  Z  K  I  U  H  A
T  E  S  N  A  I  H  M  O  V  R  F  E  B  G  Y
A  V  T  B  N  F  O  P  T  M  B  D  P  J  K  G
C  K  F  I  J  R  E  L  A  T  I  V  N  O  S  T
I  E  D  A  E  M  A  G  N  E  T  I  Z  A  M  O
J  R  C  G  C  И  H  P  M  O  T  O  R  K  K  M
E  F  P  E  E  K  S  P  A  N  Z  I  J  A  D  F
U  N  I  V  E  R  Z  A  L  N  A  K  V  Y  U  P
H  R  N  E  L  E  K  T  R  O  N  A  A  V  A  R
H  E  M  I  J  S  K  E  N  I  T  S  U  G  U  G
```

UBRZANJE	GRAVITACIJE
ATOM	MAGNETIZAM
HAOS	MEHANIKE
HEMIJSKE	MOLEKUL
GUSTINE	MOTOR
ELEKTRON	NUKLEARNE
EKSPANZIJA	ČESTICA
FORMULU	RELATIVNOST
FREKVENCIJA	UNIVERZALNA
GAS	BRZINE

40 - Agronomia

```
E O O L E M E S K N Z H B Z A P
R L H И K N C N E E E O O A Z O
A Z G M U R E D J G M O L G Z L
R A S T A P D R I A L I E A N J
F M B A N P N O G J J K S Đ I O
H R A N A P T B O I A S T E S P
L Z S P И J H H L D J N I N T R
Đ U B R I V A C O U T A D J R I
I O Z V D A L B K T S G Z A A V
R U R A L N I H E S V R S V Ž R
H F O A J N D O V Z I O R P I E
S I S T E M I N Y J A V D Y V D
J E A I A I H O J U I L Z A A E
G T T C U O D F H K O P R G N B
V P J F P O K R U Ž E N J U J C
U H Z K G H U P E J I Z O R E Y
```

VODA
POLJOPRIVREDE
OKRUŽENJU
HRANA
RAST
EKOLOGIJE
ENERGIJA
EROZIJE
ĐUBRIVA
ZAGAĐENJA

BOLESTI
ORGANSKI
PROIZVODNJA
ISTRAŽIVANJE
RURALNIH
NAUKE
SEME
SISTEMI
STUDIJA
ZEMLJA

41 - Erboristeria

```
K E L I E E И P B Č A R O M O K
A U S C B A V E E O R C R M M A
J J L T Y A N R L R O V U F I J
O H V I R J C Š I I M E Z И A L
T B P H N A V U L G A T M A R I
S K E R A A G N U A T Š A B V S
A U A D R J R O K N I G R K И O
S Z Y K O I P S N O Č O I V N B
K J U E J Đ P C K P N N N A H S
A U I H A O R K G E O G R L T И
H N V A M R L I S D N S S I P H
B C L L T I U B U N A A U T O D
Z E L E N M Y U S A R Z N E C P
B I L J K A E S J V F E I T M O
V L E H D K Y L Y A A V T M S P
A Y A C J G I M E L Š D A M P И
```

BELI LUK	LAVANDE
MIROĐIJA	MAJORAN
AROMATIČNO	NANE
BOSILJAK	ORIGANO
KULINARSKE	BILJKA
ESTRAGON	PERŠUN
KOMORAČ	KVALITET
CVET	RUZMARIN
BAŠTA	ZELEN
SASTOJAK	ŠAFRAN

42 - Biologia

```
U P H N K I Y J N U Z M M Y S E
M R E R P N Z O E J C Z B O I M
L I Z M O O J C U J I L E Ć M U
И R O U B M J N R A S I S M B T
E O M A M R O P O J G F C F I A
S D S O И O I Z N U A A E O O C
I N O N R H C O O B E C G I Z I
N O I H O P O V N M A Z N И E J
S E L R P R B A K T E R I J A E
F S R F R O D Z O U L B P P B E
B P V V U T L K O L A G E N A N
И A B L A E M S R P L R T S M Z
Z N T F L I T P E R Y C N R F I
S I Y Y Z N E V O L U C I J E M
Y S L L E A A N A T O M I J E Y
F O T O S I N T E Z A D B C C G
```

ANATOMIJE
BAKTERIJA
ĆELIJU
KOLAGENA
HROMOZOM
EMBRION
ENZIM
EVOLUCIJE
FOTOSINTEZA
SISAR

MUTACIJE
PRIRODNO
NERVA
NEURON
HORMON
OSMOZE
PROTEINA
REPTIL
SIMBIOZE
SINAPSE

43 - Attività Commerciale

```
F A B R I K E A P L F V U P T K
E K O N O M I J E T I R F R R A
P И S P Y J U И M R N R T O A R
I O U P R I H O D A A A H D N I
Z K P A A D V K A D N C R A S J
Z E E U B I A R J N S V R J A E
C Y E J S P J G I J I A O A K R
Y F P M I T I O C U J D B G C A
K I C A D R N N I J A O E P I J
D A M N E Y A E T Z V L K P J J
B O P H M F P L S Y Y S A И E L
D U N P P Z M S E T R O Š K A Y
O A D И N D O O V C Z P G I I C
B B H Ž O M K P N A N N O V A C
I Y F H E H P A I K V A L U T E
T O N H A T K Z F E R H K R G A
```

BUDŽET
KARIJERA
TROŠKA
POSLODAVCA
ZAPOSLENOG
EKONOMIJE
FABRIKE
FINANSIJA
INVESTICIJA
ROBE

RADNJU
DOBIT
PRIHOD
POPUST
KOMPANIJA
NOVAC
TRANSAKCIJE
KANCELARIJE
VALUTE
PRODAJA

44 - Fiori

```
A K D D B O O G A R D E N I J A
I D A O F A R R F U A C M L O P
V K A J T Z H P T Ž E B I I Z И
D H H L P M I A U O A И Y L P M
A E P R K Z D R P B A H A F A A
D R J A D T E R K O C N U S S G
B I D Z I U J K И F И N G N S N
M T R M I L A N I L E T E D I O
J A P L U M E R I J A M D L O L
I A S H I B I S K U S R N A N I
A B R L E G K G S Z I U A T F J
I P Z S A F И K H I H Ž V I L E
I G B H И Č O S A Z R A A C O R
P L A L A P A T E K U B L A V M
A G A G N Z D K E B A N F K E S
J O R G O V A N J A S M I N R D
```

MASLAČAK	BUKET
GARDENIJA	ORHIDEJA
JASMIN	MAKA
LILI	PASSIONFLOVER
SUNCOKRET	BOŽUR
HIBISKUS	LATICA
LAVANDE	PLUMERIJA
JORGOVAN	RUŽA
MAGNOLIJE	DETELINA
DEJZI	LALA

45 - Filantropia

```
A R A N N K M M V A И L K L L K
N Y C J Z O N L A B O L G R J L
D T I R T N J I I S O A M J U P
E M N F R T S O N E R K S I D M
C V D N P A V O Z A Z I P U I И
A M E D D K Z И I Z И M R V R S
J I J J S T U J N I T S O L I M
I S A V L I H P И И T T G T K K
R I Z T N I D E B U I R R H B И
O J D K C B C И M J N E A P O O
T A B S P K Z A I L V B M C Z H
S F I N A N S I J A A A I B R T
I S D H L R И J Z H J D A F S C
G R U P E O R L P Z P B O И R F
T A D G M S R E D S T V A S H N
V E L I K O D U Š N O S T A T A
```

DECA
TREBA
MILOSTINJU
ZAJEDNICA
KONTAKTI
FINANSIJA
SREDSTVA
VELIKODUŠNOST
MLADOST
GLOBALNO

GRUPE
MISIJA
CILJEVE
ISKRENOST
LJUDI
PROGRAMI
JAVNI
IZAZOVA
ISTORIJA

46 - Ecologia

```
M  D  L  G  I  I  P  B  F  P  S  H  Y  T  B  B
F  H  D  S  Z  И  S  D  A  A  A  U  J  A  I  F
P  K  Y  Z  U  I  Z  R  U  B  И  D  Š  C  L  E
P  R  I  R  O  D  N  O  N  M  P  F  D  E  J  J
Z  B  O  И  L  E  F  E  T  S  R  V  R  K  I
A  D  O  R  I  R  P  И  P  A  Y  И  M  O  E  C
R  K  D  I  G  P  N  M  H  D  H  I  C  L  B  A
A  A  Z  A  J  E  D  N  I  C  E  I  I  F  A  T
V  N  Z  A  Z  N  R  Z  K  R  E  S  U  R  S  E
Č  A  A  L  V  E  J  I  S  K  L  I  M  A  T  G
O  T  Y  P  I  B  V  D  R  C  I  G  B  S  V  E
M  S  Z  I  Ž  Č  P  V  O  E  A  U  E  R  S  V
U  P  J  R  R  F  I  P  M  U  R  P  Y  Y  S  A
L  O  E  H  D  U  Z  T  G  L  O  B  A  L  N  O
V  P  G  A  O  Z  И  C  E  T  Š  I  N  A  T  S
R  A  Z  N  O  L  I  K  O  S  T  E  P  O  S  T
```

KLIMA
ZAJEDNICE
RAZNOLIKOST
FAUNE
FLORE
GLOBALNO
STANIŠTE
MORSKIH
PRIRODA
PRIRODNO

MOČVARA
BILJKE
RESURSE
SUŠE
OPSTANAK
ODRŽIV
VRSTE
RAZLIČITE
VEGETACIJE

47 - Discipline Scientifiche

```
G E J I M O N O R T S A B O S I
H E K I N A T O B T B J E V O M
E K O L I N G V I S T I K E C U
M I V L Z G G O F A N G I J I N
I N O C O O K P I R E O M I O O
J A N M P G C D V H U L A G L L
E H P R P Y I И J E R A N O O O
O E M K U B C J E O O R I L G G
E M G P S A H F E L L E D O I I
A N A T O M I J E O O N O H J J
B I O L O G I J E G G I M I E E
B I O H E M I J E I I M R S G S
E K O L O G I J E J J G E P R D
Z O O L O G I J E E E A T O H O
F I Z I O L O G I J E D F S P T
M E T E O R O L O G I J E I T H
```

ANATOMIJE
ARHEOLOGIJE
ASTRONOMIJE
BIOHEMIJE
BIOLOGIJE
BOTANIKE
HEMIJE
EKOLOGIJE
FIZIOLOGIJE
GEOLOGIJE

IMUNOLOGIJE
LINGVISTIKE
MEHANIKE
METEOROLOGIJE
MINERALOGIJA
NEUROLOGIJE
PSIHOLOGIJE
SOCIOLOGIJE
TERMODINAMIKE
ZOOLOGIJE

48 - Scienza

```
H M O L E K U L A N L G Z E H A
J E F D T Y L И M F K M P V Č Y
P J M U P F I Z I K E E P O E A
K O E I S B S J Z F O T Y L S E
U T S K J U O P D M Z O N U T A
I Y E M S S F L A M F D S C I N
S E J C A P K B T C A M N I C A
R M I Y E T E E G Z A S J E U
P F C D V C R R B P J L T E G Č
R J A V U N R A I E K A V P H N
I T T O S E S P N M P R A A K I
R H I P O T E Z E J E E R T L K
O I V J V V A B C L E N I O I R
D J A M Z I N A G R O I T M M H
A P R P O D A T A K A M V A A D
Y K G L A B O R A T O R I J A V
```

ATOM
HEMIJSKE
KLIMA
PODATAKA
EKSPERIMENT
EVOLUCIJE
STVARI
FIZIKE
FOSIL
GRAVITACIJE

HIPOTEZE
LABORATORIJA
METOD
MINERALA
MOLEKULA
PRIRODA
ORGANIZMA
POSMATRANJE
ČESTICE
NAUČNIK

49 - Acqua

```
P  P  N  G  R  A  F  K  T  M  O  B  G  H  K  B
L  D  S  E  J  N  A  V  A  J  N  D  O  V  A  N
E  A  A  N  M  P  V  N  L  D  K  И  R  M  I  U
D  H  N  Ž  M  N  A  G  A  R  U  J  E  M  S  S
L  P  Y  A  M  S  L  S  S  E  M  G  Z  R  P  N
B  O  T  L  K  J  P  I  A  Š  K  U  E  A  A  O
F  F  H  V  K  A  O  C  F  I  H  O  J  Z  R  M
B  P  G  M  P  L  P  S  Z  K  S  N  E  G  A  И
H  I  B  V  I  E  Y  M  P  R  E  A  E  V  V  G
V  G  P  G  E  J  Z  I  R  V  T  U  Š  S  A  A
S  H  Z  D  F  M  Z  U  P  P  L  F  M  T  N  P
O  O  L  Z  G  R  M  Y  U  G  P  A  M  S  J  H
V  N  A  V  U  E  G  A  R  B  A  A  G  G  A  P
E  C  P  N  J  K  E  F  T  Y  R  K  P  E  J  G
P  I  T  K  E  E  I  M  A  T  E  B  N  N  P  Y
V  M  U  C  N  T  M  B  C  O  B  G  T  H  J  U
```

POPLAVA	MONSUN
KANAL	SNEG
TUŠ	OKEANA
ISPARAVANJA	TALASA
REKE	KIŠE
MRAZ	PITKE
GEJZIR	VLAGE
LED	VLAŽNE
NAVODNJAVANJE	URAGAN
JEZERO	PARE

50 - Imbarcazioni

```
P M R D K Z D K H M G A P N H N
M O R N A R S J A G M B A J R A
M Z O H Y C И G Y N A E K O F U
J P T T K E J A R T U P V B E T
S B O Z A K J U И E T H A J S I
P F M E J E O B H M A И S E I Č
J U F C A R R N U I E A A A D K
E R O M K J E H O L V F L V R I
D C V E И A Z B A P H D A A O H
R P D P P R E F T B A D T L G B
I O J F P B J M P И C C E P K D
L S I G U O G R E J C G L S E K
I A V E F L V P Y T A G N A H L
C D N E И C P J A H Y Y N P K R
A E P M M P I N P B P L C Z И P
K A Y B Y K S A L A U I E O O Z
```

JARBOL	MORE
SIDRO	PLIME
JEDRILICA	MORNAR
BOVA	MOTOR
KANU	NAUTIČKIH
KONOPAC	OKEAN
POSADE	TALASA
REKE	TRAJEKT
KAJAK	JAHTE
JEZERO	SPLAV

51 - Chimica

```
S  N  P  U  M  E  G  N  O  R  T  K  E  L  E  P
T  K  N  L  F  O  N  O  J  O  B  I  D  E  V  A
K  E  A  R  I  U  U  J  S  T  K  S  O  I  S  I
K  N  Ž  K  Z  O  K  F  A  A  G  E  G  S  N  E
L  L  Z  I  L  K  L  F  R  Z  R  O  L  H  L  U
U  A  V  N  N  Y  E  T  U  I  R  N  N  G  U  F
S  K  F  O  T  A  A  O  T  L  S  I  U  Č  K  A
C  L  K  D  O  J  R  P  A  A  O  K  O  N  E  R
T  A  P  O  V  K  N  L  R  T  R  I  Z  F  L  T
G  A  S  V  M  R  E  O  E  A  A  N  G  R  O  Z
A  T  O  M  S  K  E  T  P  K  P  E  U  J  M  A
I  V  C  R  I  L  H  E  M  S  J  J  L  C  H  N
A  K  M  S  K  Z  A  H  E  N  I  L  E  S  I  K
L  D  U  J  U  M  N  S  T  S  I  G  G  N  A  K
D  O  S  T  E  A  Z  E  T  Y  G  U  P  F  P  I
O  R  G  A  N  S  K  I  R  P  S  V  R  P  У  И
```

KISELINE	VODONIK
ALKALNE	JON
ATOMSKE	TEČNOG
TOPLOTE	MOLEKUL
UGLJENIK	NUKLEARNE
KATALIZATOR	ORGANSKI
HLOR	KISEONIK
ELEKTRON	TEŽINA
ENZIM	SO
GAS	TEMPERATURA

52 - Api

```
U D V M V O R I P E D E P E R A
E C I N Š O K A R T I K O K O N
U A C M L T S I J P Y L L O J U
Z G N И I H V A L I R K E S N G
R N E D J P J N K T D E N I C C
F A И Y O J F A И G A Y S S V
B E Z L O Y K R O I Y G Y T Y E
J Ć A N S M J H G D K F Z E I T
M E D C O S T A N I Š T E M И K
B V J C I L A P L N U P K H T E
I C A P И Z I L I И P Z J O T S
J F O P A I C K R F J M L G E N
A V O Ć E P D P O D D K I R O I
K R A L J I C A O S G M B V O P
S U N C E A P Y T V T D U N U G
B A Š T A K O R I S T A N O B V
```

KRILA
KOŠNICE
KORISTAN
VOSAK
HRANA
RAZNOLIKOST
EKOSISTEM
CVEĆE
CVET
VOĆE

DIM
BAŠTA
STANIŠTE
INSEKT
MED
BILJKE
POLEN
KRALJICA
ROJ
SUNCE

53 - Strumenti Musicali

```
A  E  U  K  U  D  A  R  A  L  J  K  E  M  R  D
R  Z  A  R  N  J  B  R  T  O  Y  L  I  A  P  U
B  U  B  A  N  J  U  R  I  V  A  L  K  N  A  F
N  E  A  R  D  V  R  V  G  I  G  A  F  D  S  Z
B  A  T  A  K  A  T  K  E  O  A  A  F  O  A  R
T  A  M  B  U  R  A  Š  A  L  A  F  N  L  K  R
L  O  U  G  E  B  P  A  T  I  B  И  H  I  S  U
N  N  G  O  I  K  A  A  U  N  M  P  G  N  O  G
M  И  N  A  G  T  A  I  A  U  O  B  O  A  F  V
R  L  I  E  F  R  A  H  L  N  Ž  B  N  A  O  A
A  A  E  F  O  L  O  R  F  G  D  A  M  I  N  P
K  L  A  R  I  N  E  T  A  H  N  C  H  O  V  P
H  A  R  M  O  N  I  K  A  K  E  F  V  D  R  J
V  I  O  L  O  N  Č  E  L  O  B  P  S  P  F  T
M  J  E  R  E  D  B  U  V  N  S  B  N  C  F  T
D  H  K  U  V  P  M  M  B  T  E  K  M  B  G  U
```

HARMONIKA	OBOU
HARFE	UDARALJKE
BATAK	KLAVIR
BENDŽO	SAKSOFON
GITARA	TAMBURAŠA
KLARINET	BUBANJ
FAGOT	TRUBA
FLAUTA	TROMBON
GONG	VIOLINU
MANDOLINA	VIOLONČELO

54 - Professioni #2

```
B D S B A T L I P И A P N H I S
A F O Z O L I F Z U B I O V S L
Š R O T A R T S U L I L V I T I
T A A T S I V G N I L O I J R K
O B I G O L O O Z U E T N I A A
V U Z E U G O L O I B T A S Ž R
A Z A J C E R A K E L R R T I U
N C C S D S L A M И P P И R T L
D G V F J D L Y F A I A E A E I
U K B I B L I O T E K A R Ž L N
O Č L R A U C H I R U R G I J Ž
D И I P R O N A L A Z A Č V I E
N K N T A T U A N O R T S A A N
M B C L E C M B A F K Y O Č A J
T Y L F D L F И B K A И H D B E
V U Z J I Z J P P P I J M U И R
```

ASTRONAUTA	INŽENJER
BIBLIOTEKAR	UČITELJ
BIOLOG	PRONALAZAČ
HIRURG	ISTRAŽITELJ
ZUBAR	LINGVISTA
FILOZOF	LEKAR
FOTOGRAF	PILOT
BAŠTOVAN	SLIKAR
NOVINAR	ISTRAŽIVAČ
ILUSTRATOR	ZOOLOG

55 - Letteratura

```
M A T I R J L D M Y P S G R P P
S I P O D R G I B E C D И I I F
P E Š A A A H J S I T E E M E A
D L E L O I K A N U H A M E T L
A Y M I J N R L F И N M F O L C
T O P T H E R O T U A S C O E U
B H И S V P N G P A P E N P R D
G D E Y H R I J G F M P L O N A
A N Y V L S T J E K Č I N S E P
Z A K L J U Č A K P B R T A U C
I B I O G R A F I J A A P V L L
L Z L G И P N P O R E Đ E N J E
A N E G D O T A J I G O L A N A
N V E И U I D J Ž K L D A M A F
A T R A G E D I J E E G T O P M
A V P P I U V O B C A F G R B A
```

ANALIZA	METAFORA
ANALOGIJA	MIŠLJENJE
ANEGDOTA	PESMA
AUTOR	PESNIČKE
BIOGRAFIJA	RIME
ZAKLJUČAK	RITAM
POREĐENJE	ROMAN
OPIS	STIL
DIJALOG	TEMA
ŽANR	TRAGEDIJE

56 - Cibo #2

```
E  Z  J  A  D  A  R  A  P  A  K  K  Z  N  K  G
F  N  A  Ž  D  I  L  T  A  P  E  B  I  R  I  S
B  I  J  S  И  И  I  O  J  P  C  T  M  V  C  H
T  R  E  G  L  J  I  V  A  I  I  A  I  I  I  J
K  R  E  L  E  C  L  M  K  R  N  P  A  K  A  D
B  V  F  M  I  Z  O  U  U  I  E  J  N  Š  I  V
И  P  A  S  O  P  K  T  B  N  Š  B  F  G  T  C
A  D  A  L  O  K  O  Č  A  A  P  E  L  R  K  A
F  A  P  A  P  J  R  H  J  Č  A  M  C  O  G  T
S  N  S  P  Z  T  B  B  B  P  И  T  V  Ž  U  J
K  Z  D  P  Z  Z  E  A  A  Y  B  B  O  Đ  U  O
J  I  Y  И  G  V  D  V  C  P  R  A  V  A  S  G
H  M  A  R  T  И  Y  C  S  И  И  K  N  I  K  U
L  C  S  V  T  M  S  D  U  C  D  N  E  A  D  R
E  K  N  P  Z  L  O  I  V  C  O  U  V  R  N  T
B  Z  Y  K  U  R  J  Z  O  F  C  Š  И  Y  Z  E
```

BANANE
BROKOLI
VIŠNJE
ČOKOLADA
SIR
GLJIVA
PŠENICE
KIVI
JABUKA
PATLIDŽAN

HLEB
RIBE
PILE
PARADAJZ
ŠUNKA
PIRINAČ
CELER
JAJE
GROŽĐA
JOGURT

57 - Nutrizione

```
A  I  A  D  U  K  U  S  K  A  O  K  G  T  K  F
P  B  Z  L  H  P  U  O  V  I  T  S  E  J  J  D
E  A  K  D  T  I  T  S  O  N  Č  E  T  V  Y  M
T  E  A  K  R  O  G  Z  A  Č  I  N  I  Y  F  P
I  J  L  D  T  A  T  E  J  I  D  I  I  T  S  D
T  I  O  L  I  I  V  B  A  N  I  E  T  O  R  P
U  C  R  N  B  H  J  L  P  E  И  U  E  P  S  H
J  A  I  T  Z  D  P  P  J  Ž  C  O  T  O  G  F
S  T  J  B  B  P  E  Z  A  E  P  E  I  Y  A  U
N  N  A  T  D  R  V  O  R  T  O  J  L  S  C  P
T  E  Ž  I  N  A  A  R  N  O  H  T  A  И  U  K
G  M  U  P  Y  M  R  Y  R  N  И  J  V  B  A  И
Y  R  A  Y  O  A  D  S  T  V  V  A  K  H  Y  Z
R  E  E  S  V  L  Z  R  Z  A  U  O  R  P  N  T
A  F  V  I  T  A  M  I  N  R  D  C  U  O  S  И
V  A  R  E  N  J  E  J  E  U  И  A  L  P  H  H
```

GORKA	TEŽINA
APETIT	DEO
URAVNOTEŽEN	PROTEINA
KALORIJA	KVALITET
JESTIVO	SOS
DIJETA	ZDRAVLJE
VARENJE	ZDRAV
FERMENTACIJE	ZAČINI
UKUS	OTROV
TEČNOSTI	VITAMIN

58 - Matematica

```
P L J U U C E N A P S J D P F V
A J R S L I H Y I O I O E R V O
R A T E M I R E P L M F C E O K
A M S U O B A D A I E P I Č L P
L M A O B M N F O G T A M N U R
E I J K И У I C B O R B A I M A
L N I V D D Č B I N I D L K E V
O L C S N A A Y M A J P N G N O
G E K S P O N E N T A H E E H U
R L A P J E D K V U G L O V A G
A A R I T M E T I K A B M J C A
M R F H I И J K V A D R A T P O
H A E J I R T E M O E G I F A N
O P R D L P D S R A D I J U S I
D K A P D T B D U E I Z J G G K
C U V S C И H O A G U O R T R C
```

UGLOVA
ARITMETIKA
OBIM
DECIMALNE
PREČNIK
ODSEK
JEDNAČINA
EKSPONENT
FRAKCIJA
GEOMETRIJE

PARALELNI
PARALELOGRAM
PERIMETAR
POLIGONA
KVADRAT
RADIJUS
PRAVOUGAONIK
SIMETRIJA
TROUGAO
VOLUMEN

59 - Meditazione

```
U P R I H V A T A N J E E K M Z
V M G L O M I R S A G P G T E A
D B И S B P M A V D J P B K N H
J A A I V I U T N T F R U E T V
P O S M A T R A N J E I Y E A A
F N L T T S R C K V V R B T L L
L R V I S O T T A I O K M N N
M I M Š K N G P H A T D C O E O
G M S I V Z S Z F И K A M J P S
J N D N J A И P H O E T U A R T
C Z R A N B J Y И K P D Z S F И
E D H A B U U N C H S Z I N Y Y
T M D C И J E D Ž V R A K O Z T
P I I S L L L U J A E T A Ć B C
S A O S E Ć A N J E P И E E F J
D H D I S A N J E E M O C I J A
```

PRIHVATANJE
PAŽNJA
MIRNO
JASNOĆE
SAOSEĆANJE
EMOCIJA
LJUBAZNOST
ZAHVALNOST
MENTALNE
UM

POKRET
MUZIKA
PRIRODA
POSMATRANJE
MIR
MISLI
STAV
PERSPEKTIVE
DISANJE
TIŠINA

60 - Elettricità

```
T И K O L I Č I N A P M A L F
V L T B S G E N E R A T O R L N
U E И Y K L A S E R A L E Z P I
N K T A L V I S U P N U P U V P
E T E Z A A B C D O L A J D G Z
G R L J D C R A Č I R T K E L E
A I E H I I I P T H K R F G P P
T Č V U Š N J L L E T K E J B O
I N I A T Č K A A P R Z Z R F M
V I Z И E I J S Ž J V I K N U A
N A I E T T U Z E C I Ž J Z C G
E M J P Y U S F R P U S K E P N
H N A T O U N Z M G Y I V A F E
P O Z I T I V N O Z E G G A B T
O K G P O A T E L E F O N Y A L
N U D E N C O P R E M A Z A Z L
```

OPREMA
BATERIJE
KABL
SKLADIŠTE
ELEKTRIČAR
ELEKTRIČNI
ŽICE
GENERATOR
LAMPA
SIJALICA

LASER
MAGNET
NEGATIVNE
OBJEKTE
POZITIVNO
UTIČNICA
KOLIČINA
MREŽA
TELEFON
TELEVIZIJA

61 - Antiquariato

```
E C I N A V O K E K P A N D D R
S E N O И D P A S G I И E S E E
M N V K K E V I A H D H O R K S
F A E N C C A S T I L Z B E O T
R J S V H E N U L Z H G I A R A
P I T R M N U B T A C O Č R A U
R R I U P I J V R E T A N N T R
B E C B B J C И F C N P O C I A
V L I T K A G E J N A T S K V C
G A J A T Š E M A N T S I M N I
D G A A U K C I J I N O R Č E J
K V A L I T E T G D A N A T A A
K H V R E D N O S T G T T D Z N
S K U L P T U R E U E E S M H Z
T A M I L S N K J B L M G L P O
N G I J H G S T Z И E U E Y I F
```

UMETNOST
AUKCIJI
AUTENTIČAN
STANJE
DECENIJA
DEKORATIVNE
ELEGANTAN
GALERIJA
NEOBIČNO
INVESTICIJA

NAMEŠTAJ
KOVANICE
CENA
KVALITET
RESTAURACIJA
SKULPTURE
VEK
STIL
VREDNOST
STARI

62 - Escursionismo

```
J  U  P  B  O  K  A  M  E  N  J  E  R  D  B  H
Č  K  L  I  F  C  R  T  H  N  N  E  K  D  L  K
U  I  P  O  L  O  Ž  A  J  N  A  J  L  V  I  D
B  G  Z  I  R  Y  M  U  S  C  P  N  N  O  O  B
H  C  J  M  J  C  H  M  F  L  A  A  A  D  L  P
K  P  P  I  E  C  N  U  S  P  M  V  A  I  A  T
N  G  E  H  S  A  M  I  T  R  T  O  N  Č  I  P
I  A  E  J  N  I  T  O  V  I  Ž  P  S  I  K  L
O  R  A  J  C  G  Y  U  F  R  P  M  D  G  K  K
C  I  T  S  O  N  S  A  P  O  E  A  Z  A  L  L
M  H  T  A  A  J  A  M  L  D  N  K  D  R  I  V
P  R  I  P  R  E  M  A  A  A  K  Š  E  T  M  C
O  P  A  I  B  P  P  D  N  A  R  O  M  U  A  M
M  K  P  R  D  F  V  O  I  A  E  D  H  V  J  A
P  A  R  K  O  V  A  V  N  N  R  N  R  B  E  R
E  O  O  L  V  J  U  T  E  G  H  V  A  N  A  F
```

VODA	OPASNOSTI
ŽIVOTINJE	TEŠKA
KAMPOVANJE	KAMENJE
KLIMA	PRIPREMA
VODIČI	KLIF
MAPA	DIVLJA
PLANINE	SUNCE
PRIRODA	UMORAN
POLOŽAJ	ČIZME
PARKOVA	SAMIT

63 - Professioni #1

```
N H P N A Z P V M K J O K K J B
D H D A S I L K V O C V K I P M
L K E U T Y E A E N R A K N A B
D O F Č R T S I T O T N J D A V
K H P N O U A G E F U D A E Z K
R A K I N J Č E R Z E P R R A S
O Y R K O P I O I A C P T U G C
R G V T M И C L N U A A S S M R
J E D A O G A O A O M H E R S O
H Z L P Z G O G R R R O S D P Z
Z L A T A R R L O V A C V R V N
M U Z I Č A R A O K F P J E M M
A D V O K A T L F H И P Z N C V
A M B A S A D O R K I N T E M U
B A T S K K J E D F L S I R N T
T D P I J A N I S T A G P T K K
```

TRENER
AMBASADOR
UMETNIK
ASTRONOM
ADVOKAT
PLESAČICA
BANKAR
LOVAC
KARTOGRAF
UREDNIK

FARMACEUT
GEOLOG
ZLATAR
SESTRA
MORNAR
MUZIČAR
PIJANISTA
PSIHOLOG
NAUČNIK
VETERINAR

64 - Antartide

```
P F O V R T S O U L O P T O M Y
N Y J S И O И J Z C M E A K I N
И E G N T N E N I T N O K R G S
A R U T A R E P M E T O K U R D
G U T T O L V P Z A P L T Ž A T
P Z H H A F E A V O T I K E C B
V A Z L F M U D I S V K T N I P
O L K Z K I C A L B O O N J J B
D V S F A N Z И Z И C R M U E И
A S P G H E J I C I D E P S K E
O L G K I R K E N Č U A N A J A
A V E G P A Z B B K U Y G Z N C
A R E Č E L G E O G R A F I J E
T I A U A A I S T R A Ž I V A Č
O Č U V A N J E J O A H E Z S Z
T O P O G R A F I J E N И A T Z N
```

VODA	MIGRACIJE
OKRUŽENJU	MINERALA
BEJ	OBLACI
KITOVA	POLUOSTRVO
OČUVANJE	ISTRAŽIVAČ
KONTINENT	ROKI
GEOGRAFIJE	NAUČNE
GLEČERA	EKSPEDICIJE
LED	TEMPERATURA
OSTRVA	TOPOGRAFIJE

65 - Libri

```
K J C H O I K S J I R O T S I P
N A S I P A N O N L E G Č D N O
J Č J O C K A A N S P A I G V E
I I K C P D M K R T A И T S E Z
Ž R O T U A O O E L E T A P N I
E P M И L C R L L K K K Č И T J
V N V O H N B E E A S P S P I E
N R Č R Y R L K V E P D N T V H
E P E I O R U C A H E P P D N E
Z M C И G E F I N R N H A T I F
A K J L V A R J T A U C A G S S
T K B P H P R A N A R T S E E E
D U H O V I T T O И O P N B И R
D V O J N O S T K D G R F A P I
G D T T Y P H Y Z P A V G C V J
O N F O K Y H N A R A T O R J A
```

AUTOR
AVANTURA
KOLEKCIJA
KONTEKST
DVOJNOST
EPSKE
INVENTIVNI
KNJIŽEVNE
ČITAČ
NARATOR

STRANA
POEZIJE
RELEVANTNO
ROMAN
NAPISAN
SERIJA
PRIČA
ISTORIJSKI
TRAGIČNE
DUHOVIT

66 - Geografia

```
T D O T P P D P R И I H E D И T
D H N K J P L J D R И A D A A S
D I J T E K E A S M I J U G G G
R K Z K D A R G N M O R E Z T C
E U E L U A N I S I V S E V E R
K M J J A G M A K B N C K O D P
E V V L A T E V S E M E G J C T
M A P A M N O S T R V O M U B E
C У И B P E R E F S I M E H Z R
F O N E S N Z A S T F V F K A I
J D Z K P I A D M Y L I D E P T
H I Y A D T A T L A S S J И A O
R E G I O N A E I E D I A H D R
A O K N Y O И D L L A N T H D I
O H N Z U K J T C J S U J A B J
M E R I D I J A N U Y M P P A E
```

VISINU

ATLAS

GRAD

KONTINENT

VISINA

HEMISFERE

REKE

OSTRVO

MAPA

MORE

MERIDIJAN

SVET

PLANINE

SEVER

OKEAN

ZAPAD

ZEMLJU

REGIONA

JUG

TERITORIJE

67 - Cibo #1

```
Š O S A H R E Š G B L C O H K S
E K P C B N D A T V I I R T S И
Ć K K C V D S R V S M M Z K I T
E H Ć S O K V G M U U E R S F D
R A A P S S O A A L N T J G S G
A H N A N E Z R D I E K Š U R K
A I A S F E D E R P P K U L D U
C F P E A N D P F K P B A Y U L
E M S M Y C C A P E R F T F K I
A Z E A P A T T D J S C A C H L
U M V Z O J C U U И N U L O G E
A D D O A D E Y F N Y P A I M B
F D N L K D G Č C T A И S F A U
B O S I L J A K A D O G A J O L
A K V C H N P P M M T O R T A E
E J G Y K P F V И C L L I H L K
```

BELI LUK
BOSILJAK
CIMET
MESA
ŠARGAREPA
LUK
JAGODA
SALATA
MLEKA
LIMUN

NANE
JEČAM
KRUŠKE
REPA
SO
SPANAĆ
SOK
TUNA
TORTA
ŠEĆERA

68 - Aeroplani

```
K J U P P D O G P M O I T M O F
O V T A R E F S O M T A V F V N
N J C S O C M K A R U T N A V A
S S Z H T J B D Y G I N F A N L
T I B P O K I T S P B V V A M C
R P S V M P P V M I G E O J L G
U R B T P I L O T P L D H R H L
K A E J O B Z E E J N A T E R K
C V T P N R L И P D N S Z H U I
I C Y M N K I O G S N O L A B N
J U F S B M E J L P E P G N K T
A J N A T E L S A Z B B S I Z U
V O D O N I K Z N L O E Y S U P
T U R B U L E N C I J E N I F H
V I S I N U M A H U D Z A V A N
F P U G G J B P V D S P T G J O
```

VISINA
VISINU
VAZDUH
ATMOSFERA
SLETANJA
AVANTURA
GORIVO
NEBO
KONSTRUKCIJA
PRAVCU

SILAZAK
POSADE
VODONIK
MOTOR
KRETANJE
BALON
PUTNIK
PILOT
ISTORIJA
TURBULENCIJE

69 - Governo

```
N D P K A J A V T L O B M I S N
E E G O Z S D A M F I A P I B A
Z M U O L T C C O P M D J C G C
A O R F V I N A C I J E E T A I
V K K R S O T Y O P J V K R S O
I R O F И N R I U H I A S F P N
S A D V A R P E K U O Ž D N O A
N T D A H H U V U E T R U Y M L
O I M T P U G G P J A D S L E N
S J C S J I K P B G C S P J N A
T E P U G Z P G I L I P P S I S
D I S K U S I J E M V B C P K A
J E D N A K O S T K I A O B P J
V N G A V T S N A J L V A Ž R D
M T V S O V J C S I N O K A Z O
H E K S L O B O D E I R K J R D
```

LIDER
DRŽAVLJANSTVA
CIVILNI
USTAV
DEMOKRATIJE
GOVOR
DISKUSIJE
SUDSKE
PRAVDA
NEZAVISNOST

ZAKON
SLOBODE
SPOMENIK
NACIONALNA
NACIJE
POLITIKE
OKRUG
SIMBOL
DRŽAVE
JEDNAKOST

70 - Bellezza

```
M A E N K O L F P P J G И P E Y
A K L Y Y U E I H G H H R A T V
S O E U A O G L E D A L O E C U
K Z G P N N U Š Z И N B V U J O
A M A K T A L G A J H O B И Z S
R E N N R T S E K M A J T J I P
A T C B E N U K A R P A F Z V S
L I I J O A S A M A P O O A N S
A K J F S G V G Z Š Y L N A T T
G A U P L E T T M H И T Z I T I
Ž U A E U L A L S И B A R N A L
U P T A S E T Z R M I R I S C I
R L P R O I Z V O D I J L Y K S
A S J F O T O G E N I И A N O T
V A V A K I R K Y K S F P Z Ž A
P O I R G Y P I U N И B A A A G
```

BOJA	MASKARA
KOZMETIKA	ULJA
ELEGANTAN	KOŽA
ELEGANCIJU	PROIZVODI
ŠARM	LOKNE
MAKAZE	RUŽ
FOTOGENИAN	USLUGE
MIRIS	ŠAMPON
GREJS	OGLEDALO
GLATKA	STILISTA

71 - Avventura

```
O E H P J G D F A F D R K K B И
O O P C I D E L C A R И A T A M
P R O G R A M E T Š I D E R D O
E J U T U P V P D T B A R M O H
R K Z Y H E Ć O K Š E T A E R R
A A S R K O I T N A S A P O I A
D E Y K T L P A O P E V K L R B
O A A P U S I G U R N O S T P R
S Y C D D R D K B Y K Z P N L O
T O M M J Y Z P I N P A R E Z S
И U J I C A G I V A N Z I O A T
P P Z P E U I P J Y M I P B Z L
Š A N S A P N C M E H A R I G O
E N T U Z I J A Z A M J E Č M H
A K T I V N O S T N A H M N R T
P R I J A T E L J I P P A O G Z
```

PRIJATELJI
AKTIVNOST
LEPOTA
ŠANSA
HRABROST
ODREDIŠTE
TEŠKOĆE
ENTUZIJAZAM
EKSKURZIJE
RADOST

NEOBIČNO
PROGRAM
PRIRODA
NAVIGACIJU
NOVA
OPASAN
PRIPREMA
IZAZOVA
SIGURNOST
PUTUJE

72 - Forme

```
P I U K P F U O V N Z T T F S Z
O E G P A Y H P Y J B И R Y F D
L I A K C O K I V Z B К O M E U
I H O I A T Y E T P G C U Y R Z
G O I K C G G F L P D I G V I T
O M A P A O V U B U L L A T G B
N E C K E S P I L E K I O J E O
A T R G U R K L I P A N A R T S
P R I Z M E B F L O Z D E R T G
H Y R R E D B O P Y N A P I A И
F F R H L I O O L Y C R O U O N
R H N J L M T V T A R D A V K R
K R I V E A P B A M H I K G K D
L B U O E R J P F L S U U O V И
L V O S P I F F R D N S D K O J
P M F Y V P N O D A A E C I V I
```

UGAO	STRANA
LUK	RED
IVICE	OVALNE
KRUG	PIRAMIDE
CILINDAR	POLIGONA
KLIP	PRIZME
KOCKA	KVADRAT
KRIVE	SFERI
ELIPSE	TROUGAO
HIPERBOLA	

73 - Oceano

```
R  U  P  S  T  U  N  A  B  H  D  D  R  I  P  T
M  G  L  N  O  M  D  Z  Č  H  R  U  S  I  S  P
L  M  R  O  J  P  V  P  A  S  A  L  A  T  B  H
D  E  L  F  I  N  Z  H  M  D  J  A  A  A  T  E
O  N  S  U  S  Z  J  A  A  J  L  U  G  E  J  M
R  L  И  K  G  H  F  P  C  M  V  K  I  V  F  E
J  O  U  M  J  A  I  S  T  N  V  O  R  U  Z  D
T  F  L  J  Y  Č  P  L  I  M  E  R  T  G  R  U
F  S  J  B  A  A  M  A  K  J  C  A  S  I  S  Z
A  P  M  S  P  J  A  G  R  N  I  L  O  G  R  A
G  R  E  B  E  N  K  G  G  F  N  F  C  A  R  B
T  E  H  Y  Y  R  Š  U  M  I  T  A  M  A  T  A
Y  Đ  B  V  M  O  S  A  M  K  O  P  Y  H  T  R
A  N  Y  I  K  K  O  A  F  A  B  R  J  T  P  K
B  U  N  P  S  K  N  S  K  G  O  J  M  A  M  M
P  S  A  J  K  U  L  A  C  E  H  F  T  L  S  U
```

JEGULJA	OSTRIGA
KIT	RIBE
ČAMAC	HOBOTNICE
KORAL	SO
DELFIN	GREBEN
ŠKAMPI	SUNĐER
KRABA	AJKULA
PLIME	KORNJAČA
MEDUZA	OLUJA
TALASA	TUNA

74 - Famiglia

```
Y A L S V U K Y D R O I I V M P
R B B V A N J P S И F M И P L A
M A J Č I N S K E H A G V U F T
И K A F Z A L A U D S T D H I N
U H E U L N A D S P E A E F K U
Y O S V L V N E U Z S R F T T A
R Y P F R I K R G A T B C P K S
Ć E R K A O A P Z P R B Z C C A
Y M C A T O Đ P A G A K J A M D
F O L Ć I Z G A E Ž G U A U E E
O D И E O V Y D K T U A P Z A D
S G B N L U P E A U R M H C T E
O G R B A K A C J B P P I J P D
O Č I N S K E A U D U S S T U E
D E T I N J S T V A S P G L G T
A O B L I Z A N C I Y T T C P E
```

PREDAK
DECA
DETE
ROĐAK
ĆERKA
BRAT
BLIZANCI
DETINJSTVA
MAJKA
MUŽ

MAJČINSKE
SUPRUGA
NEĆAK
BAKA
DEDA
OTAC
OČINSKE
SESTRA
TETKA
UJAK

75 - Creatività

```
Z  R  J  C  I  S  D  E  M  O  C  I  J  A  I  U
B  Z  A  P  H  D  N  R  J  V  U  R  U  И  Z  T
V  I  Z  I  J  E  E  N  A  T  O  E  F  T  R  I
I  P  I  A  Z  T  R  J  H  M  T  T  U  H  A  S
N  P  I  S  R  S  H  P  E  D  A  F  U  A  Z  A
T  T  B  F  A  O  H  D  J  H  I  T  U  Y  T  K
E  U  M  E  T  N  I  Č  K  E  N  I  I  C  J  R
N  S  J  D  M  Č  K  A  N  V  V  O  U  Č  Z  B
Z  P  A  H  B  I  V  N  A  E  E  И  E  R  A  U
I  O  S  U  A  T  M  P  A  Š  N  D  H  E  S  N
T  N  N  P  C  N  F  O  M  T  T  M  A  Š  T  E
E  T  O  Y  A  E  S  V  K  I  I  B  F  Z  C  P
T  A  Ć  T  V  T  I  L  O  N  V  R  N  H  И  R
G  N  E  J  T  U  J  I  I  A  N  M  S  P  V  F
A  I  P  U  И  A  B  O  S  K  I  N  И  C  H  U
O  S  E  Ć  A  N  J  A  V  Y  A  G  O  N  И  E
```

VEŠTINA
UMETNIČKE
AUTENTIČNOST
JASNOĆE
DRAMATIČAN
EMOCIJA
IZRAZ
IDEJE

MAŠTE
SLIKA
UTISAK
INTENZITET
INVENTIVNI
OSEĆANJA
SPONTANI
VIZIJE

76 - Veicoli

```
Y  L  A  P  A  Y  B  G  T  J  V  H  V  B  A  N
A  A  I  D  N  A  U  E  M  U  G  K  I  A  P  J
H  K  S  V  N  M  V  C  A  M  A  Č  P  T  M  B
G  S  K  R  L  F  S  I  R  A  K  E  T  A  N  D
S  K  A  M  I  O  N  N  O  R  T  E  M  G  F  U
Y  K  T  K  E  J  A  R  T  N  F  R  C  P  M  T
A  J  U  G  H  V  B  O  V  A  L  P  S  R  J  R
Y  N  L  T  L  P  U  M  F  V  M  O  T  O  R  A
M  F  K  L  E  L  M  D  L  A  M  S  D  A  L  K
A  I  S  Y  B  R  N  O  F  R  V  V  O  Z  R  T
U  Z  V  A  I  Y  L  P  M  A  V  F  F  P  A  O
L  A  U  T  O  B  U  S  L  K  I  C  I  B  A  R
J  H  E  L  I  K  O  P  T  E  R  O  J  A  E  K
M  I  V  A  Z  O  G  M  K  O  L  A  A  D  N  Z
S  G  O  Y  Z  J  E  A  A  T  P  O  G  A  L  S
R  P  R  U  F  J  P  P  A  A  G  G  P  A  N  K
```

AVION	MOTOR
HITNU	GUME
KOLA	RAKETA
AUTOBUS	SKUTER
ČAMAC	PODMORNICE
BICIKL	TAKSI
KAMION	TRAJEKT
KARAVAN	TRAKTOR
HELIKOPTER	VOZ
METRO	SPLAV

77 - Emozioni

```
O  J  Y  O  S  M  L  S  I  M  P  A  T  I  J  E
Y  P  Z  D  N  T  D  J  S  R  A  M  O  T  A  N
E  U  U  A  U  E  R  I  U  K  G  T  B  S  R  R
Z  U  A  Š  C  J  S  A  P  B  J  B  B  O  M  E
P  D  D  T  T  N  L  S  H  H  A  N  T  N  I  L
G  T  D  D  S  E  N  I  C  F  Ž  V  L  Z  R  J
A  C  E  И  O  Đ  N  P  C  N  R  U  M  A  N  E
И  B  D  Y  D  A  R  O  K  A  D  A  D  B  O  F
Y  E  K  O  A  N  A  Z  P  J  A  Z  O  U  V  F
И  S  Y  A  R  E  T  A  A  L  S  A  S  J  Y  H
B  L  A  Ž  E  N  S  T  V  O  S  H  A  L  B  N
A  F  P  H  V  Z  O  K  F  V  И  V  D  P  N  J
V  S  B  B  I  I  N  F  B  O  A  A  E  I  O  P
T  U  G  A  P  S  Ž  P  Z  D  Y  L  M  I  R  P
H  C  Z  B  T  U  E  E  S  A  A  A  T  Y  V  O
S  P  O  K  O  J  N  G  A  Z  A  N  M  U  G  J
```

LJUBAV	STRAH
BLAŽENSTVO	BES
MIRNO	OPUŠTENO
SADRŽAJ	RELJEF
LJUBAZNOST	SIMPATIJE
RADOST	ZADOVOLJAN
ZAHVALAN	IZNENAĐENJE
SRAMOTA	NEŽNOST
DOSADE	SPOKOJ
MIR	TUGA

78 - Natura

```
B K C R T D A U P H E Y A E Š D
N D A K J R E Č E L G I A N U I
D E B Y H F O E L E Č P R A M N
B A И H P L P R I J B M R A A
V P E D A N B G S O I I B K L M
G P J V F Y G N L K Z H O T G I
S V E T I L I Š T E E I N I A Č
C C Y A N K G J Z T J G J K M A
O B L A C I E K N Š N P G E V N
F A E J M N B M A I I J B K I A
R G G D Z N A Z L N T P I E T J
P L A N I N E D E O O S И R A O
T V J L Z G Ć A P L V V U Y L K
E L A И V H Š O O K I G G P N O
И C P S L L I E T S Ž A A J I P
J L A R K V L M A J L V I D N S
```

ŽIVOTINJE
PČELE
ARKTIK
LEPOTA
PUSTINJI
DINAMIČAN
EROZIJE
REKE
LIŠĆE
ŠUMA

GLEČER
PLANINE
MAGLA
OBLACI
SKLONIŠTE
SVETILIŠTE
DIVLJA
SPOKOJAN
TROPSKE
VITALNI

79 - Balletto

```
V  E  Ž  B  A  A  T  M  Z  P  P  Y  I  Z  T  M
K  E  E  V  C  I  J  M  K  F  N  K  N  B  L  Z
M  E  M  E  U  D  V  L  P  J  T  T  A  J  C
K  O  R  E  O  G  R  A  F  I  J  A  E  L  S  И
V  Z  U  A  L  P  Ć  G  G  N  B  N  E  T  E
I  P  M  P  K  Z  E  I  O  E  И  R  Z  R  I  R
P  B  E  U  D  A  Z  Š  C  N  S  P  I  I  L  O
G  E  T  B  H  A  K  I  N  H  E  T  T  N  J  T
V  R  N  L  R  K  K  M  D  F  G  R  E  A  Y  I
T  A  I  I  R  I  P  A  P  H  A  E  T  H  D  Z
P  R  Č  K  N  P  F  I  L  B  B  Y  L  N  P  O
R  I  K  E  M  U  Z  I  K  A  Č  A  S  E  L  P
O  T  E  O  R  K  E  S  T  A  R  V  S  G  Y  M
B  A  N  I  T  Š  E  V  A  E  C  R  N  A  E  O
E  M  G  R  A  C  I  O  Z  A  N  R  D  R  J  K
I  Z  R  A  Ž  A  J  A  N  E  O  B  C  E  J  B
```

VEŠTINA   INTENZITET
APLAUZ   MIŠIĆA
UMETNIČKE   MUZIKA
BALERINA   ORKESTAR
PLESAČA   VEŽBA
KOMPOZITOR   PROBE
KOREOGRAFIJA   PUBLIKE
IZRAŽAJAN   RITAM
GEST   STIL
GRACIOZAN   TEHNIKA

80 - Paesi #1

```
I  A  M  M  R  N  R  M  O  E  U  N  D  S  L  A
Y  C  H  A  U  E  I  F  I  N  S  K  A  C  M  A
P  D  T  N  M  M  S  Z  B  R  A  Z  I  L  J  I
T  P  F  T  U  A  T  E  R  T  V  E  V  S  P  M
A  И  H  E  N  Č  G  A  O  A  I  N  D  I  J  A
J  J  P  J  I  K  B  L  A  G  E  N  E  S  A  J
M  A  L  I  J  A  M  A  N  A  P  L  L  K  A  I
I  R  Z  V  A  K  S  M  K  F  Y  P  N  A  И  N
D  R  B  C  L  T  I  И  A  J  I  B  I  L  G  A
И  T  A  P  I  G  E  R  F  R  E  N  U  E  G  P
H  Y  A  K  Š  E  V  R  O  N  O  A  V  U  Z  Š
K  A  M  B  O  D  Ž  E  J  N  K  K  E  C  B  D
P  И  O  P  O  L  J  S  K  A  V  E  O  E  D  D
P  P  E  R  H  S  H  F  M  D  A  D  A  N  A  K
L  O  K  S  P  D  N  И  Y  V  D  E  R  E  L  P
P  E  F  A  J  D  K  K  F  S  C  N  P  V  K  U
```

BRAZIL
KAMBODŽE
KANADA
EGIPAT
FINSKA
NEMAČKA
INDIJA
IRAK
IZRAEL
LIBIJA

MALI
MAROKO
NORVEŠKA
PANAMA
POLJSKA
RUMUNIJA
SENEGAL
ŠPANIJA
VENECUELA
VIJETNAM

81 - Geometria

```
N F V O M K A U R K H P A A D T
M E D I J A N A V N Y A Y P Y R
I J T B O Y N A Z I B R E M F O
R L E A R E G U R K L A N A U U
D N O K B N S J N P F L L I O G
P V R P Z L A I U P Z E A H B A
C M I C V A S Z M K S L T L R O
P P J N I K V N M E P N N R A A
O R E A T I V E R N T I O K Č G
V O M U P T C M D R N R Z Z U U
R C A G A R I I Y P E N I G N V
Š E C K D E E D C H M E R J G I
I N L Z R V M Č N L G H O A A S
N A U A N I Č A N D E J H P J I
A T H N U E V Z K I S Z T D F N
L O G I K E A E D Z K U O C T A
```

VISINA
UGAO
OBRAČUN
KRUG
KRIVE
PREČNIK
DIMENZIJU
JEDNAČINA
LOGIKE
MEDIJANA

BROJ
HORIZONTALNE
PARALELNI
PROCENAT
SEGMENT
SIMETRIJA
POVRŠINA
TEORIJE
TROUGAO
VERTIKALNE

82 - Foresta Pluviale

```
V T R A P T B Z A J E D N I C A
K F Z D D R O O O Č U V A N J E
M I H V S T I E T Š I Č O T U И
A И D K A C T R И A M I L K L T
H C F I R M K A O U N L P V И U
O M T A R E E J R D N I A T V V
V И N U A T S I Z U A M Č Z E O
I D A T Z S N T K M A I P K C D
N Ž J O N R I A A R A S I S I O
A U N H O V C V N U Y Y M S T Z
B N N T L U A O A A R D N D P E
M G B O I C L T T F R A V И A M
D L U N K U B Š S И O K C C C C
P I P I O Z O O P C O R R I E I
N K V H S B C P O J N V A И J J
F F S И T H S V R E D N E Y U A
```

VODOZEMCI
BOTANIČKI
KLIMA
ZAJEDNICA
RAZNOLIKOST
DŽUNGLI
AUTOHTONIH
INSEKTI
SISARA
MAHOVINA

PRIRODA
OBLACI
OČUVANJE
VREDNE
RESTAURACIJA
UTOČIŠTE
POŠTOVATI
OPSTANAK
VRSTE
PTICE

83 - Edifici

```
V D Y N K Z A M A K H R Y D R L
C A G H A L O K Š B E A A И C G
K J T N C M E E U S Y A O F A U
И I E K I R B A F U J B L И C I
P R N E N I B A K N I C K U S H
B O F L L B S E R O T A Š U F E
I T Z D O N T T L I U F B T L D
O A N O B A A U O D C H P P Y A
S R A J R E N A A A R И A J F S
K O V Y Z I P J C T A J M Z F A
O B I U N A Š H O S T E L C B B
P A I Z Y A И T P Y H Z E Z V M
A L F D U O B S E A E U T N D A
U N I V E R Z I T E T M O G M E
S U P E R M A R K E T A H H Z J
O P S E R V A T O R I J E V F M
```

AMBASADE
STAN
KABINE
ZAMAK
BIOSKOP
FABRIKE
AMBAR
HOTEL
LABORATORIJA
MUZEJ

BOLNICA
OPSERVATORIJE
HOSTEL
ŠKOLA
STADION
SUPERMARKETA
POZORIŠTE
ŠATOR
KULA
UNIVERZITET

84 - Malattia

```
T E T I N U M I G G A U N T D Y
E R V E L L N E S S K P A E G V
R M B A L S H C L B U A S R J A
E N Ć U L P H R G A T L L A M G
S U I Y Š E U S V B N U E P P Y
P N B A P N И V B P I N D I P A
I V E M U Č J E Z U P L N J P S
R O E U S I L A V I V Y E A B G
A A N I R N P R C T A Z K I P E
T P L P M O R D N I S A O E C N
O R A E G R P Z D R A V L J E E
R C B A R H Y A O B N P E G D T
N D M D S G R V T F A U T P T S
A E U L T M I N P I J F J N P K
H R L H P P T J S G J A Y L H E
J M И C G C N P E N Z A R A Z S
```

AKUTNI
TRBUŠNJACI
ALERGIJE
VELLNESS
ZARAZNE
TELO
HRONIČNE
SRCE
SLAB
NASLEDNE

GENETSKE
IMUNITET
UPALU
LUMBALNE
NEUROPATIJA
PLUĆNE
RESPIRATORNA
ZDRAVLJE
SINDROM
TERAPIJA

85 - Paesi #2

```
A C M P P S C S N Y I J A D Y V
A M H P K U U S Z A N G L N H H
H A I T I D B T E O D T B F V D
P B N A P A J A E B O S A O H T
U F O I Z N R E P E N I N O A T
N F P E J I P O I T E R I I I I
Z L N N C A K S R I Z I J D S P
F I Z G F J R H R E I J A R R M
U B E S Y I A K S P J E V U A E
G E A I D R A Y U J A E И S K K
A R K B M E A E S C P K C G B S
N I F Z B G L L F M D N S V H I
D J V K Z I C A U V S C B N N K
I E S P V N P P O R U S I J A O
G R Č K E E И E T S O R D Z E D
P A K I S T A N J A M A J K A P
```

ALBANIJA	LIBERIJE
DANSKA	MEKSIKO
ETIOPIJE	NEPAL
JAMAJKA	NIGERIJA
JAPAN	PAKISTAN
GRČKE	RUSIJA
HAITI	SIRIJE
INDONEZIJA	SUDAN
IRSKA	UKRAJINA
LAOS	UGANDI

86 - Tipi di Capelli

```
Y D E R P S H O B O J E N E G T
M E F V L H P S G L U S F S L A
V B T F A K O R I P Z U M T A H
H I M M V P U E N K O L Y A T M
B K H A A V P B M B J P F A K E
R O E B E D S R B D E A D I A H
U V E D U G O O J K R A T A K T
A R T B P L E T E N I Z Z K B O
P D P A N R C K S P A H A E R S
U Ž И M N H M I I P B Z K M A J
P A V U S A H U V D Z D D O O И
Z V A И J P K V A E C P A R N A
D A L D P L E T E N I C E R A D
S M E P L U H H U P H K B V D V
Z U Ć H P T T M I И C D Y A A T
M Y J Y D L J U P A J K C Z L Y
```

SREBRO
SUVA
BEO
PLAVA
KRATAK
ĆELAV
OBOJENE
SIVA
PLETENI
GLATKA

DUGO
BRAON
MEKA
CRNA
KOVRDŽAVA
LOKNE
ZDRAV
TANAK
DEBEO
PLETENICE

87 - Vestiti

```
N  L  A  O  P  V  S  P  M  N  P  O  H  H  K  E
C  D  Ž  E  M  P  E  R  E  O  R  M  A  A  E  D
R  T  P  F  Y  P  K  U  M  N  D  U  C  L  C  M
P  U  O  G  R  L  I  C  A  C  B  A  P  J  E  V
I  P  K  R  K  J  A  V  Ž  S  N  Y  I  L  A  A
C  A  S  A  U  G  O  B  D  C  B  U  J  N  J  F
R  K  G  R  V  Š  E  Š  I  R  L  S  K  A  A  R
S  P  Š  A  L  I  A  O  P  J  U  A  J  N  J  C
Y  A  D  M  M  E  C  P  A  R  Z  E  K  Z  J  A
Y  N  S  E  Z  T  L  E  U  V  A  C  O  J  H  A
J  T  Y  L  D  V  L  T  A  P  Z  I  Š  O  Z  G
A  A  C  I  V  K  U  R  A  N  A  P  U  P  K  S
K  L  P  V  P  O  J  A  S  И  J  E  L  S  A  T
N  O  R  S  A  N  D  A  L  E  P  L  J  N  И  Z
U  N  V  H  S  N  A  A  A  T  G  A  A  I  И  H
A  E  K  R  E  M  R  A  F  Z  Y  S  R  S  M  K
```

HALJINA
NARUKVICA
BLUZA
KOŠULJA
ŠEŠIR
KAPUT
POJAS
OGRLICA
JAKNU
SUKNJA

KECELJA
RUKAVICE
FARMERKE
DŽEMPER
MODA
PANTALONE
PIDŽAME
SANDALE
CIPELA
ŠAL

88 - Attività e Tempo Libero

```
B B E J N A V O F R U S U E L K
R O V G И B Y T S O N T E M U O
P K T O P R L И P N F J P M K Š
L S E L A B D U F J H Y J K I A
A P N F S L I K U E J I B O H R
N U I A M P T Y P N A P V H P K
I T S I H K A A Y J B C M D T U
N O U R P B L Z Z E C M N N G M
A V Z I C F E Ć U J A T Š U P O
R A U A P Z J J O R P A B B B M
E T P A Y M N G Z D I F R P G Y
N I U M J E A V H B B B B V R R
J Z H O V И V H P I O O O U D Y
E C A N V C I J И L Y L J L И B
R Y K P L Y L P Z J E T T K O C
E J N A V O P M A K Z C F R A V
```

UMETNOST
BEJZBOL
KOŠARKU
BOKS
FUDBAL
KAMPOVANJE
PLANINARENJE
GOLF
HOBIJE

RONJENJE
PLIVANJE
ODBOJKA
RIBOLOV
SLIKU
OPUŠTAJUĆE
SURFOVANJE
TENIS
PUTOVATI

89 - Meteo

```
J A N D F A B A V U S V A F P V
C T U E J N U M I V O S E D P G
P M S L B D S I И G D Z Y T K T
C O N D A O O L U J A N L G A P
A S O S A Y I K L K N H U G H R
E F M T P O V E T A R A C G E N
V E F E Š U S K R L O N G F N Y
L R G M T P R S D B T I Y A C M
F A I P G V F P V O A V D E R R
J H L E O C K O O G Y A B Y Z U
E M U R C M N R G J E J G A J И
D H R A D D A T V K K L O H K A
J S S T U M A G L A O M K A N E
O D S U G E A И C K A R K C H V
P I N R A L O P T O F G P И J H
R V Z A G H P Y M V J G H A G A
```

DUGA	OBLAK
SUVA	POLARNI
ATMOSFERA	SUŠE
POVETARAC	TEMPERATURA
NEBO	OLUJA
KLIMA	TORNADO
MUNJE	TROPSKE
LED	GRMLJAVINA
MONSUN	URAGAN
MAGLA	VETAR

90 - Corpo Umano

```
J  Z  T  P  P  R  A  B  G  S  T  U  B  M  F  F
F  Z  S  A  G  U  Z  B  Y  K  G  H  E  M  K  O
P  F  R  A  M  E  O  K  O  O  Z  L  F  G  M  Z
I  I  P  N  V  S  N  G  R  Č  K  L  J  G  V  K
D  O  L  I  C  E  E  C  E  N  T  A  V  U  P  R
Y  I  Y  I  Y  P  L  D  P  I  N  D  M  V  R  K
A  L  T  J  O  P  O  H  J  Z  Z  A  Ž  O  K  O
A  E  T  E  C  V  K  A  B  G  D  R  P  K  T  U
E  L  O  И  B  A  N  T  S  L  P  B  P  T  M  S
P  T  K  G  J  И  P  K  B  O  P  P  K  H  D  T
I  P  И  C  A  J  V  L  A  B  H  R  Z  D  M  A
B  T  S  O  G  M  K  M  F  K  U  U  G  O  N  T
L  A  K  A  T  L  P  V  H  A  A  K  A  Z  O  M
S  R  C  E  И  B  A  Y  C  F  M  A  T  I  J  V
P  V  U  V  H  K  N  V  I  F  L  P  F  N  O  S
M  G  M  F  K  G  J  H  A  R  B  V  J  V  D  J
```

USTA	RUKA
SKOČNI ZGLOB	BRADA
MOZAK	NOS
VRAT	OKO
SRCE	UVO
PRST	KOŽA
LICE	KRV
NOGU	RAME
KOLENO	STOMAK
LAKAT	GLAVA

91 - Mammiferi

```
Y Ž N F U N T R И U E K И S Z T
P I O I K H И A И Y P E N U O S
A R L F F J O J S F P N Y T V Z
S A S M N L A V E U B G K Y C K
Z F U A U L E U N L P U L R E H
O A M A Č K A D P C E R V O N E
P H H N I U R E C L F N F N И M
O C K C J V B V O V A U A K V M
L I S I C A E D U O I G T V F I
M A J M U N Z E P Z I T O T O M
B O K I T V C M P A T O J O A V
I J P K N U Y G Z Z Y D O Y B A
K Y H T D A L K G B P И K P I V
O R A T R A M N И I M J N E F H
U B O G O R I L A K K O N J N Y
A V Z E C J I P V B P S I P C F
```

KIT	ŽIRAFA
PAS	GORILA
KENGUR	LAV
KONJ	VUK
JELENA	MEDVED
ZEC	OVCE
KOJOTA	MAJMUN
DELFIN	BIK
SLON	LISICA
MAČKA	ZEBRA

92 - Cucina

```
C  H  Č  Y  H  Y  H  K  I  N  J  A  Č  O  И  S
A  N  R  I  Z  B  P  R  E  D  I  Ž  I  R  F  E
K  C  V  V  N  F  U  T  A  C  U  S  L  A  Z  I
I  U  K  F  M  I  P  P  I  J  E  J  P  D  M  M
N  O  Ž  E  V  I  J  H  O  S  S  L  Z  N  J  И
E  J  P  T  B  C  M  U  F  U  T  I  J  G  S  P
S  I  U  B  P  E  N  N  A  N  S  T  G  A  Z  И
Z  J  P  O  R  E  R  N  A  Đ  F  Š  E  N  A  L
F  Š  A  T  E  G  L  U  P  E  L  O  G  A  Č  O
D  F  T  P  E  C  E  R  P  R  A  R  I  R  I  N
Z  A  E  A  B  E  K  Š  U  J  L  I  V  H  N  C
K  C  V  D  P  K  F  K  N  T  D  P  K  A  I  A
Š  O  L  J  E  I  N  И  V  F  R  B  N  E  T  A
D  И  A  Y  P  Š  Ć  G  E  A  N  P  S  D  V  E
N  И  S  V  Č  A  V  I  Z  R  M  A  Z  C  M  I
V  T  K  U  M  K  P  C  Z  A  И  J  P  T  P  B
```

ŠTAPIĆI	FRIŽIDER
ČAJNIK	KECELJA
VRČ	ROŠTILJ
HRANA	LONCA
ČINIJU	RECEPT
NOŽEVI	ZAČINI
ZAMRZIVAČ	SUNĐER
KAŠIKE	ŠOLJE
VILJUŠKE	SALVETA
RERNA	TEGLU

93 - Giardinaggio

```
B D S Y O S R H K P E M U P H F
K U R E A O C L S C G G P R D D
A C И T M V B V E B Z O Z L U И
U Z D S I E G F A O O V N J И J
Z R M R L R T U E T T K D A M I
I N N V K C A N S A I R B V O Y
K O N T E J N E R N Č R T Š C N
S I И S P N O C V I N C O T V B
N J Z O Z L V O I Č E R R I E C
O И E P F P I L V K B D R N T R
Z E M M P O T S J I P S J E N S
E M L O M E S F T E V C Z G I Y
S G J K И K E Z E C D F T C A H
P V A D O V J T K A J N Ć O V Z
A L V L И U P H U L H L I Š Ć E
D I I P V C V K B K P T R U T K
```

VODA
BOTANIČKI
KLIMA
JESTIVO
KOMPOST
KONTEJNER
EGZOTIČNE
CVET
CVETNI
LIST

LIŠĆE
VOĆNJAK
BUKET
SEME
VRSTE
PRLJAVŠTINE
SEZONSKI
ZEMLJA
CREVO
VLAGE

94 - Universo

```
T P B T D T L M U B M P V A A S
C E S E M C U N H K T S I S T O
K R L D A S T R O N O M D T M L
O E R E F S I M E H O N L E O A
S A O K S E B E N U P E J R S R
M O P A U K R S Y I G H I O F N
I H T M O K O J Y S Y B V I E E
Č O B U A A И P A I B И E D R A
K R S O L S T I C I J A M A A P
E I N G D И M G A L A K S I J A
K Z И A H E J I M O N O R T S A
R O U Z D И L A A E K V A T O R
U N J N F B P A T Y N R N E B O
A T Z O D I J A K A B D K V S H
U I G P Z L N K B C O S Z V V L
G I L I O C И B F D H K O M F M
```

ASTEROID

ASTRONOMIJE

ASTRONOM

ATMOSFERA

TAMA

NEBESKO

NEBO

KOSMIČKE

HEMISFERE

EON

EKVATOR

GALAKSIJA

MESEC

ORBITU

HORIZONT

SOLARNE

SOLSTICIJA

TELESKOP

VIDLJIVE

ZODIJAKA

95 - Jazz

```
M K C T N O V A R I S A P Z A T
P U Z P T K R T I M A И G L M G
E T Z F M P O I T P S C И E N H
S E R I A N T R A R T A N Z O P
M H A H K M I O M O A A M U J V
A N T L T A Z V B V V S A A U Z
I I S D B D O A T I T P B L L K
E K E И M U P F P Z L M L P N P
Y A K K N Y M S V A F R T A G U
Y F R A O A O S M C P N A V U T
C P O S S N K N E I V J L I T S
E U P A H H C L J J P I E R Z B
H Z Y L B E O E U E C A N A I L
J I J G G E E A R N A Ž A T B A
E I F A S C U И K T N G T S P V
J G M N U M E T N I K V N V P K
```

ALBUM	IMPROVIZACIJE
APLAUZ	MUZIKA
UMETNIK	NOVA
PESMA	ORKESTAR
KOMPOZITOR	FAVORITA
SASTAV	RITAM
KONCERT	STIL
NAGLASAK	TALENAT
POZNAT	TEHNIKA
ŽANR	STARI

96 - Vacanze #2

```
Y E E G H R U O O G G F I S A Š
И R P A U Y P D M N P И F C T A
S T R A N A C R O M D O P O Y T
L U L V C G M E R K A O U U A O
A V A J T R A D И H L E B Z Ž R
V R A K U Z P I S K A T B O A R
D H U T R F A Š K V K M B V L E
H O S T R V O T V I I O O E P S
N O A M P A N E O Z P I P R E T
D M T N Z D R P Z A O Z T P E O
K T И E J N A V O T U P J V A R
B R E P L A E R O D R O M P P A
K A M P O V A N J E R P G A G N
F O T O G R A F I J E Z I S O R
H D L V I A Z Z B C O D H O K A
V T I Y C A B Y U J T N A Š B Y
```

AERODROM
KAMPOVANJE
ODREDIŠTE
FOTOGRAFIJE
HOTEL
OSTRVO
MAPA
MORE
PASOŠ
RESTORAN

PLAŽA
STRANAC
TAKSI
SLOBODNO
ŠATOR
PREVOZ
VOZ
ODMOR
PUTOVANJE
VIZA

97 - Attività

```
И  P  J  H  K  E  R  J  N  E  Š  И  P  И  R  Z
N  L  L  E  A  J  I  G  A  M  I  E  R  G  I  A
K  A  B  B  M  N  D  G  C  O  V  Y  E  H  B  D
T  N  G  V  P  A  G  E  Y  T  E  Z  L  F  O  O
G  I  T  G  O  T  E  K  Y  H  N  F  A  O  L  V
R  N  P  V  V  I  V  I  O  P  J  U  K  T  O  O
F  A  A  C  A  Č  A  M  R  S  E  V  S  O  V  L
E  R  M  B  N  U  И  A  F  D  K  E  A  G  O  J
S  E  V  S  J  C  M  R  S  P  P  Š  C  R  L  S
S  N  F  B  E  Z  I  E  L  O  H  T  I  A  T  T
F  J  R  G  A  L  A  K  T  I  P  I  J  F  P  V
B  E  J  B  E  C  K  N  S  N  R  N  A  I  L  O
S  L  O  B  O  D  N  O  A  C  O  A  D  J  E  N
Z  A  G  O  N  E  T  K  E  T  F  S  R  E  S  M
O  V  T  S  N  A  V  O  T  Š  A  B  T  G  J  Y
A  K  T  I  V  N  O  S  T  Y  A  J  A  E  G  R
```

VEŠTINA	FOTOGRAFIJE
UMETNOST	BAŠTOVANSTVO
ZANATA	IGRE
AKTIVNOST	ČITANJE
LOV	MAGIJA
KAMPOVANJE	RIBOLOV
KERAMIKE	ZADOVOLJSTVO
ŠIVENJE	ZAGONETKE
PLES	RELAKSACIJA
PLANINARENJE	SLOBODNO

98 - Diplomazia

```
P I N T E G R I T E T И C K V G
O P U S D U P V Y K U L U G L R
L R F T A Z A J E D N I C A A A
I V N L S D T P Z M Y I P A D V
T L N S A G B H M E H Y U O A V
I I P B B R V A B K S E C U L Z
K A H M M C P D I S K U S I J E
E E A L A K L V A T I R M G A K
S A R A D N J A H A N И Y R M I
F V S Z S Z A R R M T E Y A B T
И F L T L P И P G O E A F Đ A E
S I G U R N O S T L V B D A S F
G R A Đ A N S K E P A O Z N A L
R E D U T B P T I I S K G A D M
R E Š E N J E U P D U U G U O E
R E Z O L U C I J A A S N E R И
```

AMBASADE
AMBASADOR
GRAĐANA
GRAĐANSKE
ZAJEDNICA
SUKOBA
SAVETNIK
SARADNJA
DIPLOMATSKE
DISKUSIJE

ETIKE
PRAVDA
VLADA
INTEGRITET
POLITIKE
REZOLUCIJA
SIGURNOST
REŠENJE
UGOVORA

99 - Forniture Artistiche

```
L  O  I  V  O  N  F  K  B  F  T  L  K  A  Z  U
P  E  K  T  E  Č  U  G  A  L  J  G  R  K  P  D
K  J  P  P  A  P  I  R  G  D  B  V  E  R  B  L
S  O  O  A  E  G  V  U  U  Y  O  I  A  I  K  H
A  B  G  C  K  G  И  H  M  M  T  V  T  L  L  S
T  T  E  I  V  H  G  I  I  F  S  Z  I  U  L  A
F  N  Z  L  O  C  N  U  C  H  P  B  V  A  A  V
R  D  U  O  L  I  T  S  A  M  S  Z  N  Y  K  Z
H  G  L  T  O  I  C  Z  K  I  U  D  O  I  Y  G
P  A  J  S  A  K  V  A  R  E  L  I  S  M  I  M
A  R  E  M  A  K  G  R  H  J  I  A  T  P  P  O
S  K  J  P  A  I  M  B  И  R  N  U  M  B  J  A
T  U  E  T  A  I  K  A  L  A  T  S  H  U  P  A
E  H  D  P  P  D  A  L  K  D  P  И  S  V  Z  E
L  I  I  V  B  M  Z  A  E  V  C  G  H  U  N  R
A  I  M  V  H  L  O  И  A  J  I  G  C  D  L  C
```

VODA	GUMICA
AKVARELI	IDEJE
AKRIL	MASTILO
KLEJ	OLOVKE
UGALJ	ULJE
PAPIR	PASTELA
STALAK	STOLICA
LEPAK	ČETKE
BOJE	STO
KREATIVNOST	KAMERA

100 - Misurazioni

```
S L A Z Y K B A J T M I I S N I
T I V R E P I K A L E M T N G A
E T O L D P A L Z И T I H E Č H
P A N I Ž U D Z O C A N S M C A
E R A I B V Y B T M R U R U E N
N D E C I M A L N E E T Y L N I
M G M N И V R Z H A J T I O T B
T E Ž I N A T D Y C B P A V I U
P A A M S N E O D M И Z S R M D
P Y T A P I A I N G R A M T E Y
P P F S V S P J M A A C Z P T V
M O C E L I P D T N E N G И A P
A M P И T V G F K I J U A L R A
K I L O G R A M И R O V F D G A
E I P U N K L M I I S Y U E A A
P J H Z S U O R A Š V F O P S F
```

VISINA	DUŽINA
BAJT	MASE
CENTIMETAR	METAR
KILOGRAM	MINUT
KILOMETAR	UNCA
DECIMALNE	TEŽINA
STEPEN	INČA
GRAM	DUBINA
ŠIRINA	TONA
LITAR	VOLUMEN

1 - Salute e Benessere #2

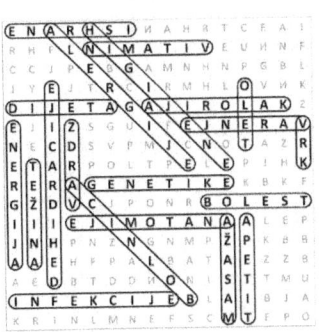

2 - Aggettivi #2

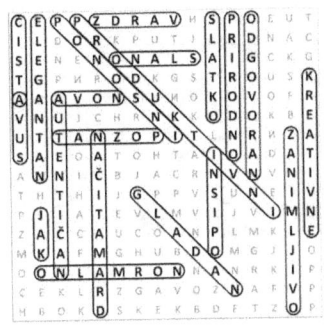

3 - Ingegneria

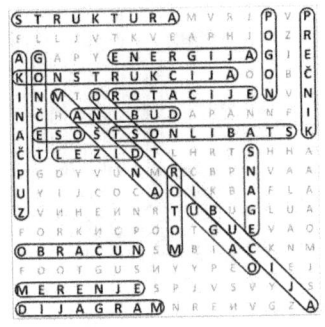

4 - Archeologia

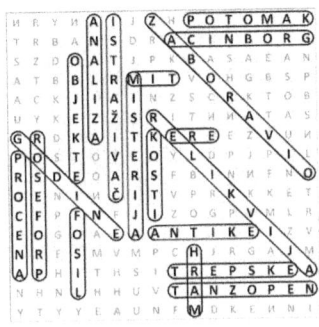

5 - Salute e Benessere #1

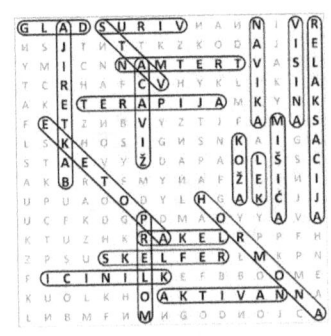

6 - Aggettivi #1

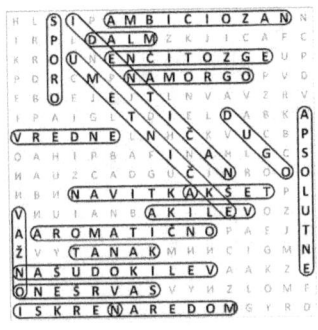

7 - Geologia

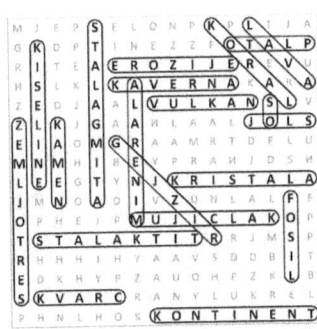

8 - Campeggio

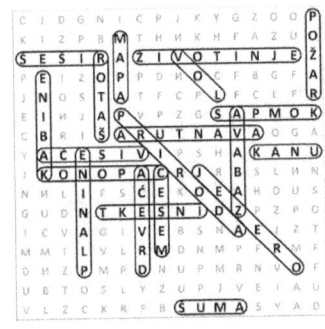

9 - Arti Visive

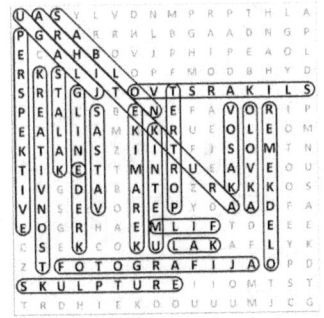

10 - Tempo

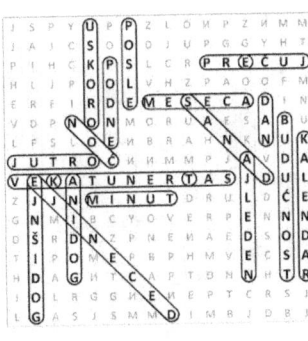

11 - Astronomia

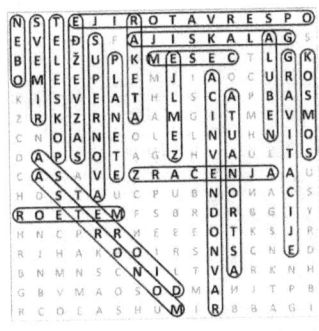

12 - Algebra

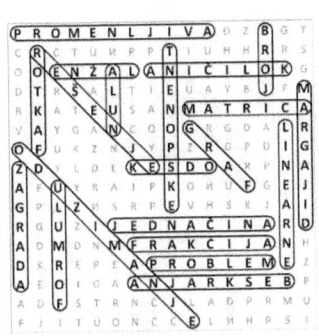

13 - Mitologia

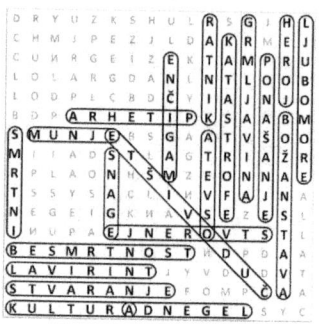

14 - Piante

15 - Spezie

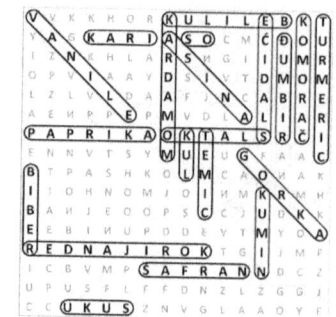

16 - Numeri

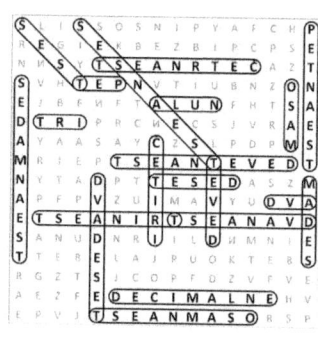

17 - Cioccolato

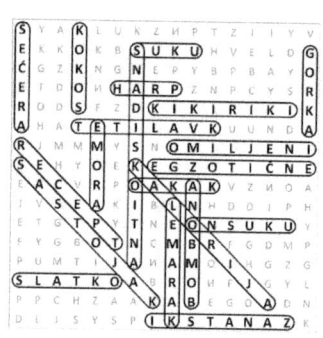

18 - Guida

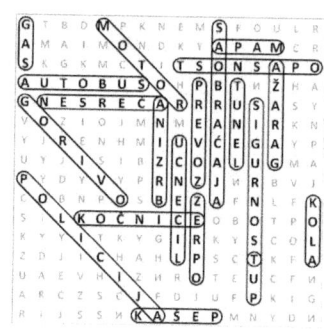

19 - I Media

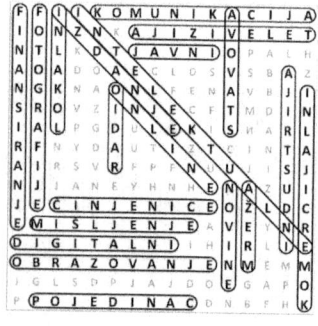

20 - Forza e Gravità

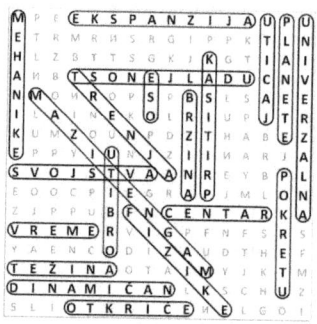

21 - Uccelli

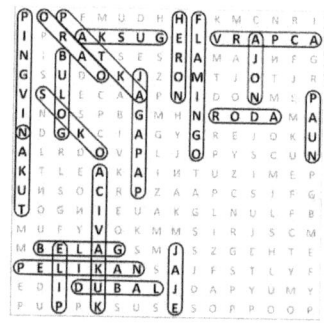

22 - Giorni e Mesi

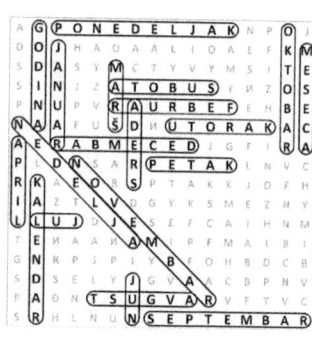

23 - Casa

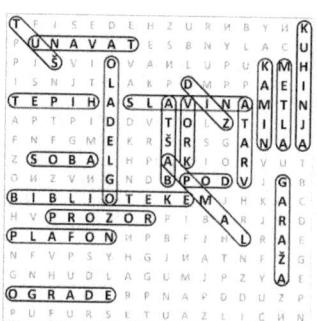

24 - Fantascienza

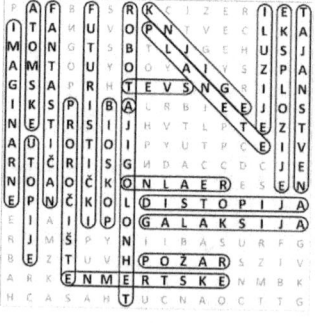

25 - Città

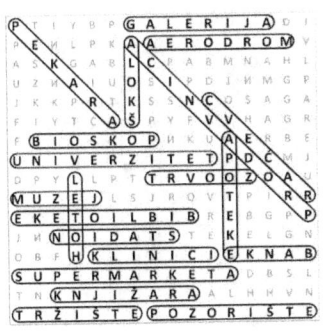

26 - Fattoria #1

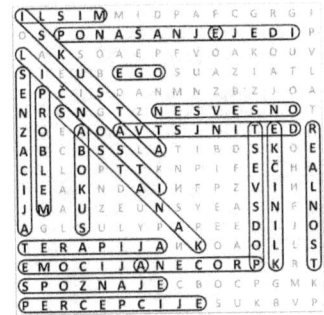

27 - Psicologia

28 - Paesaggi

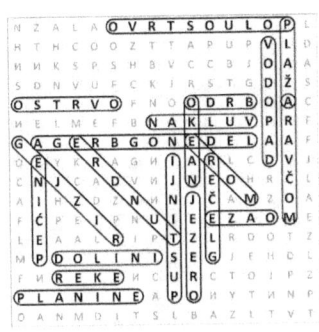

29 - Energia

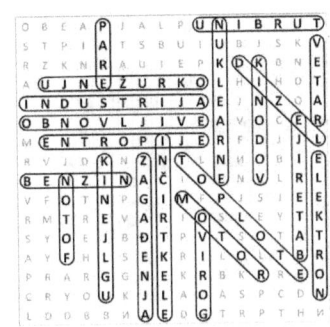

30 - Moda

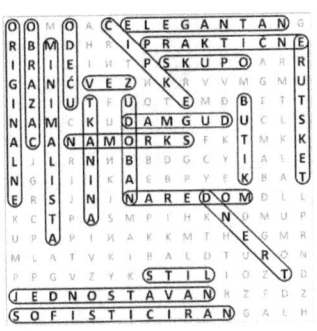

31 - L'Azienda

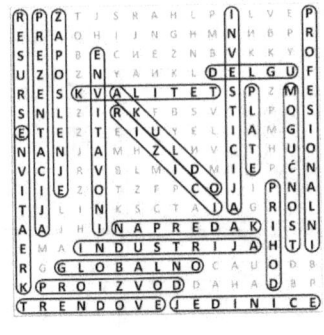

32 - Giardino

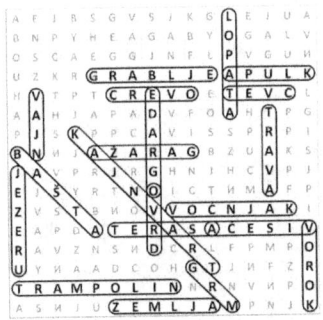

33 - Riscaldamento Gl

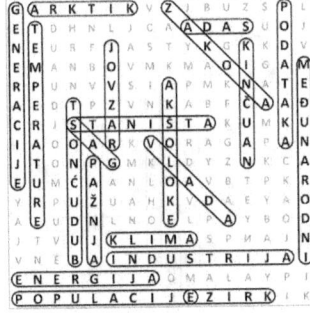

34 - Frutta

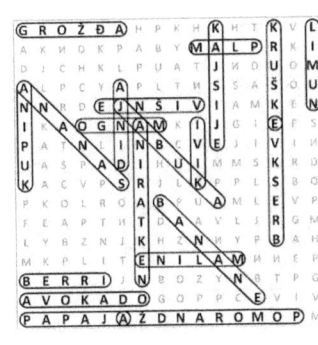

35 - Fattoria #2

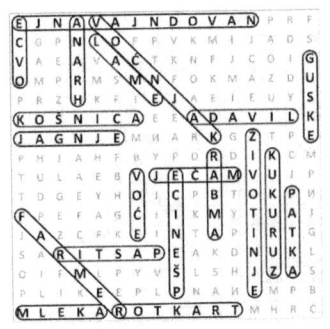

36 - Verdure

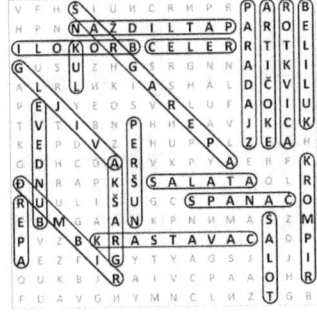

37 - Musica

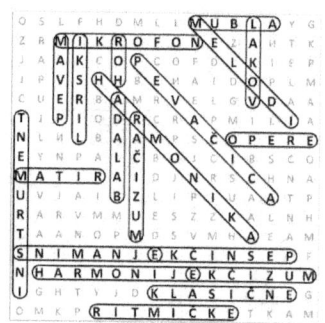

38 - Barbecue

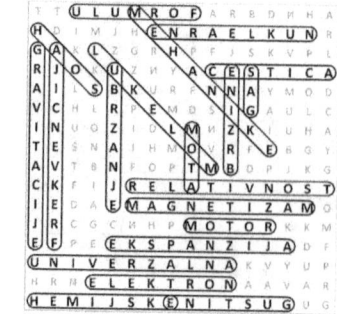

39 - Fisica

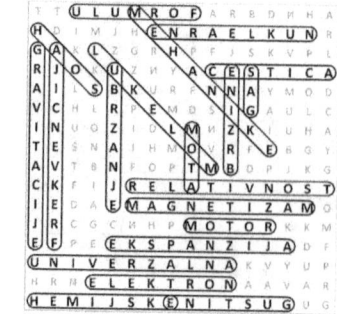

40 - Agronomia

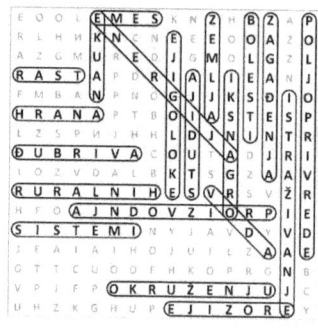

41 - Erboristeria

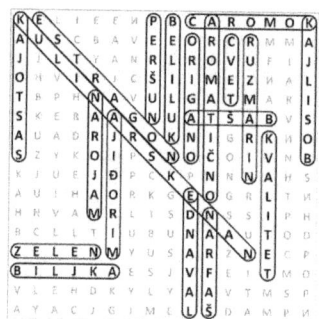

42 - Biologia

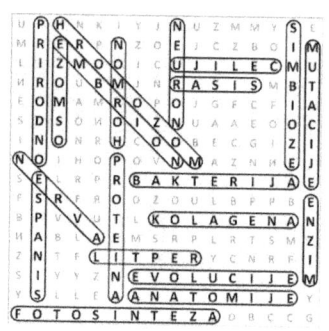

43 - Attività Commerciale

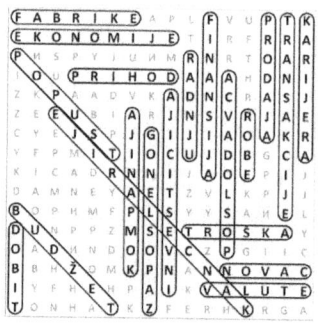

44 - Fiori

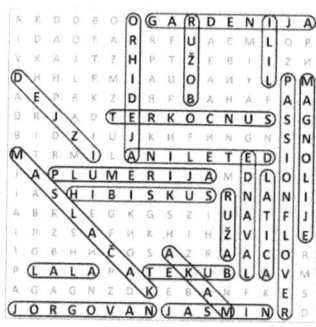

45 - Filantropia

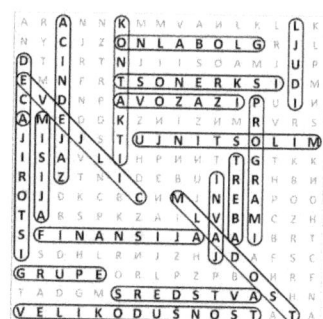

46 - Ecologia

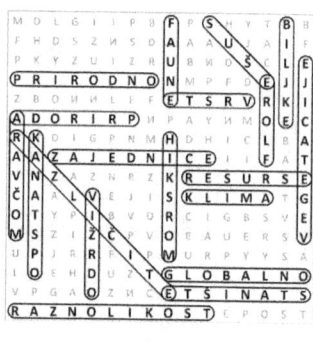

47 - Discipline Scientifiche

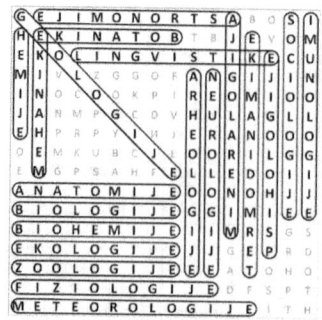

48 - Scienza

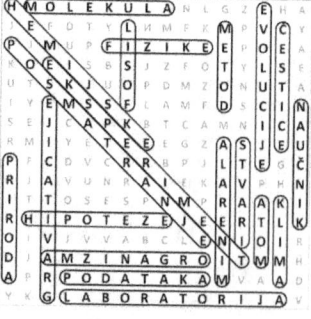

49 - Acqua

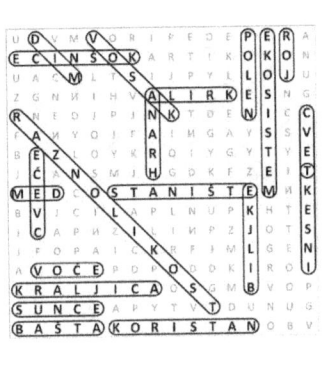

50 - Imbarcazioni

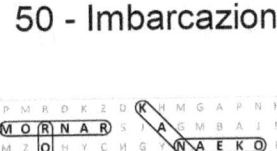
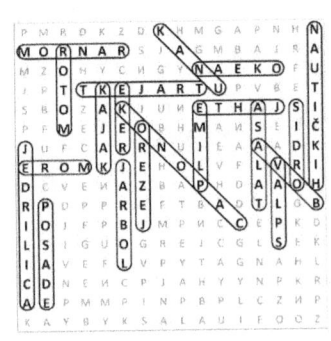

51 - Chimica

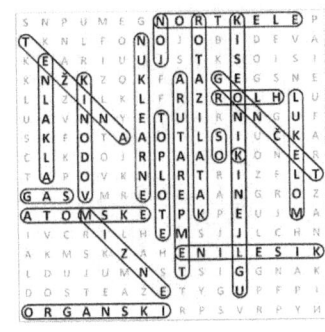

52 - Api

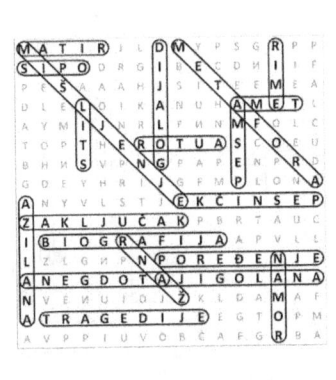

53 - Strumenti Musicali

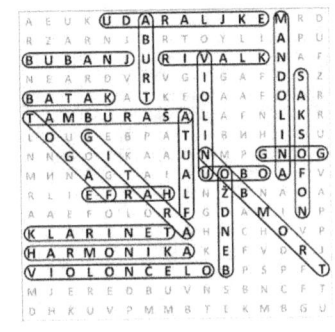

54 - Professioni #2

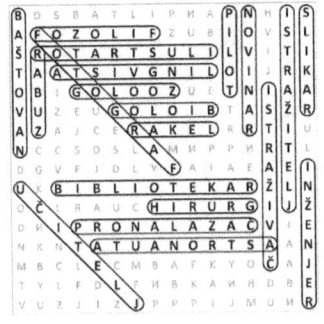

55 - Letteratura

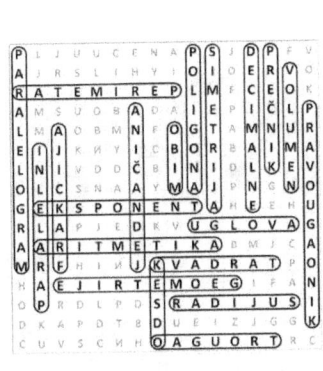

56 - Cibo #2

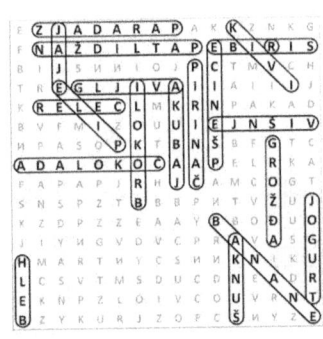

57 - Nutrizione

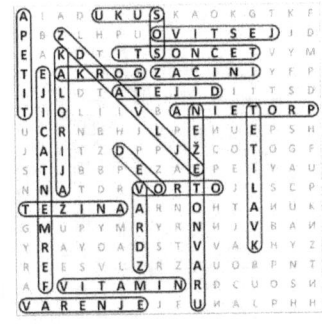

58 - Matematica

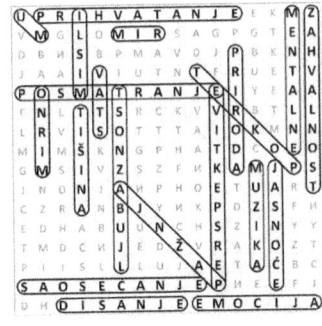

59 - Meditazione

60 - Elettricità

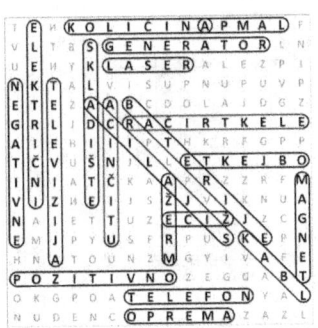

61 - Antiquariato

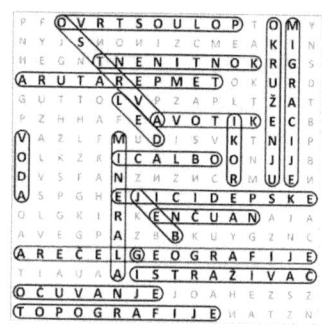

62 - Escursionismo

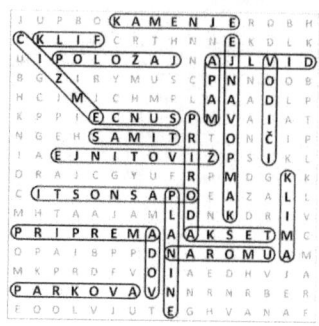

63 - Professioni #1

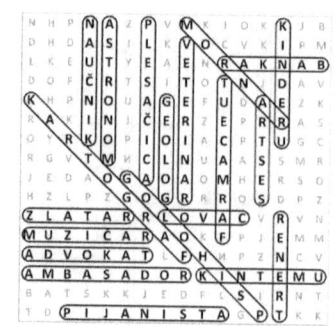

64 - Antartide

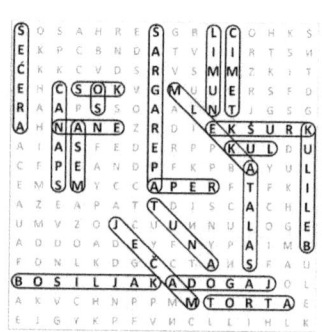

65 - Libri

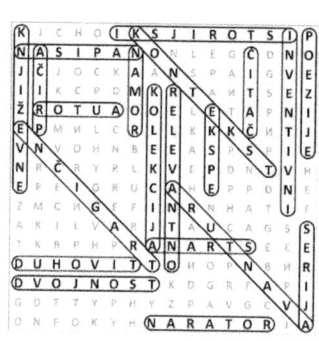

66 - Geografia

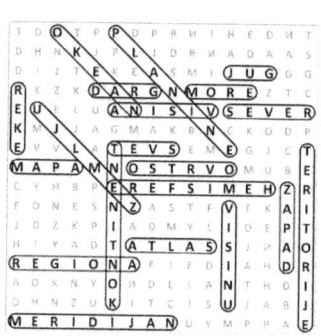

67 - Cibo #1

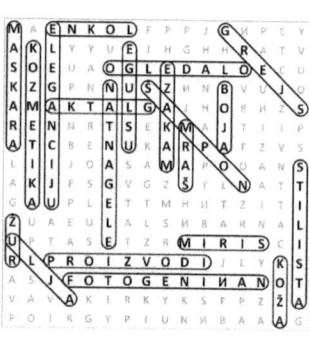

68 - Aeroplani

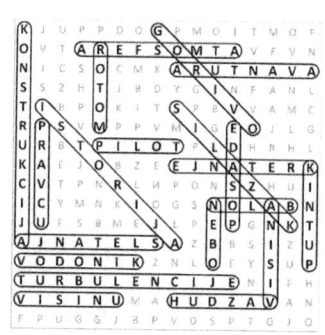

69 - Governo

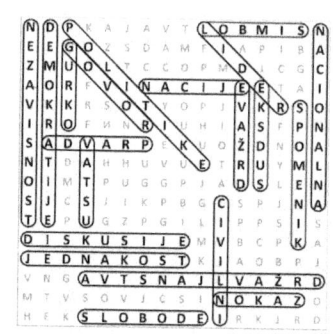

70 - Bellezza

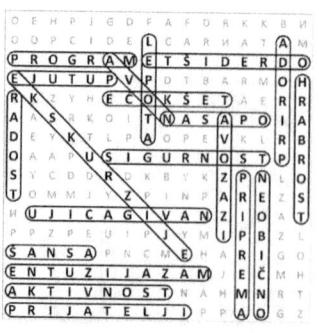

71 - Avventura

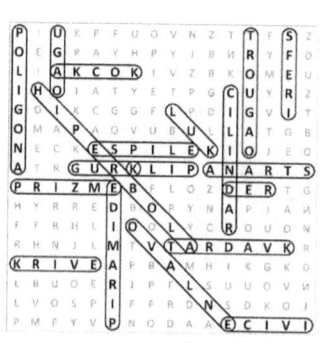

72 - Forme

73 - Oceano

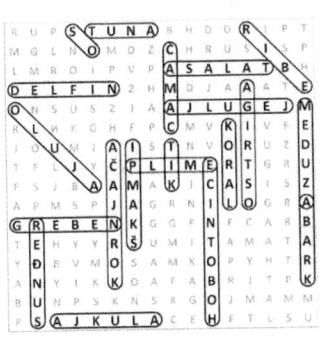

74 - Famiglia

75 - Creatività

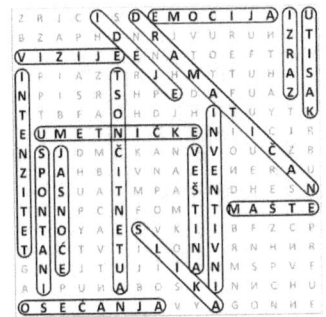

76 - Veicoli

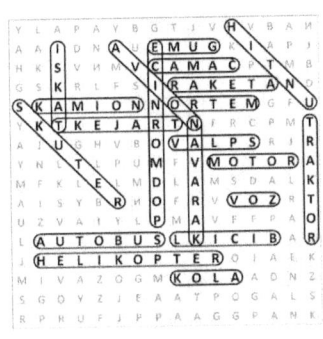

77 - Emozioni

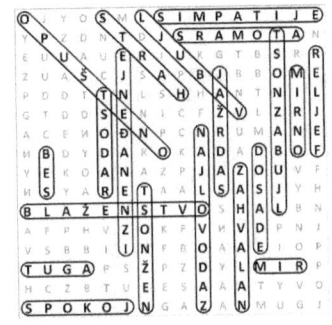

78 - Natura

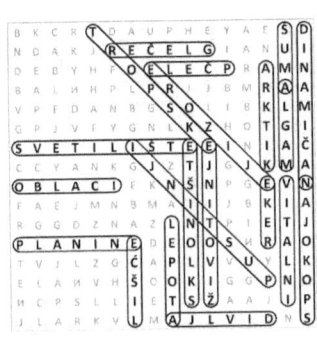

79 - Balletto

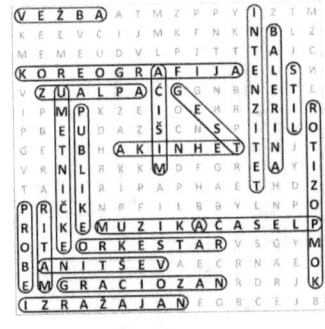

80 - Paesi #1

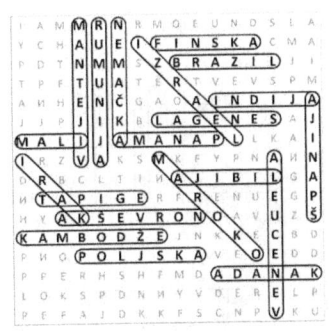

81 - Geometria

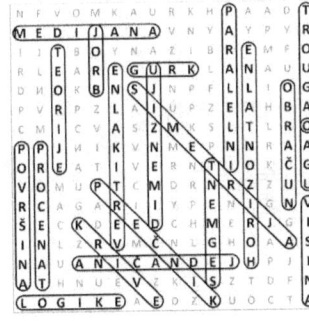

82 - Foresta Pluviale

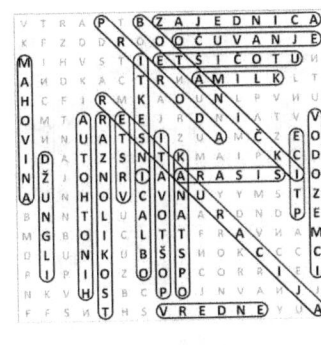

83 - Edifici

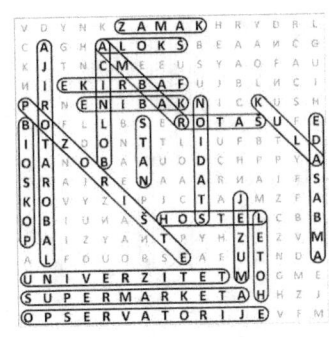

84 - Malattia

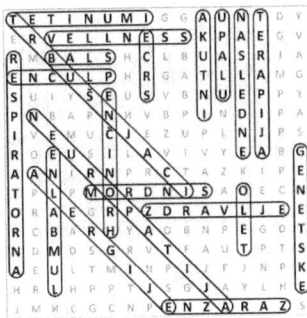

85 - Paesi #2

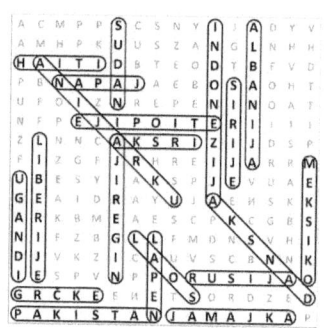

86 - Tipi di Capelli

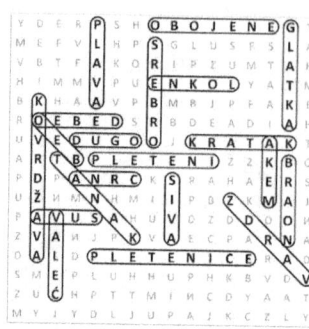

87 - Vestiti

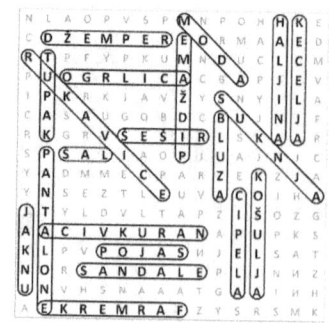

88 - Attività e Tempo Libero

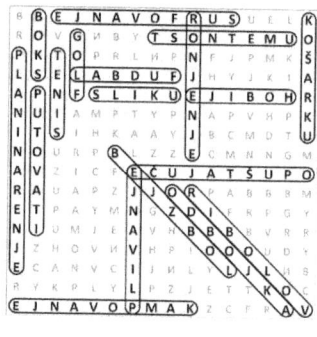

89 - Meteo

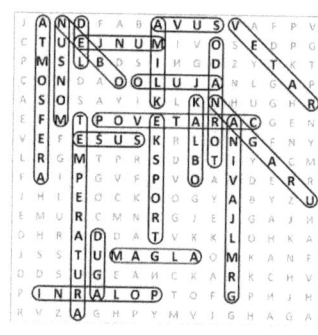

90 - Corpo Umano

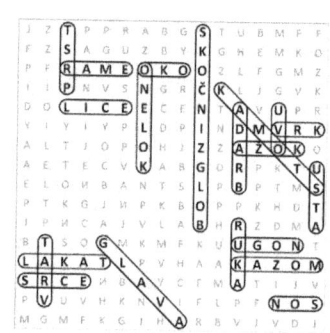

91 - Mammiferi

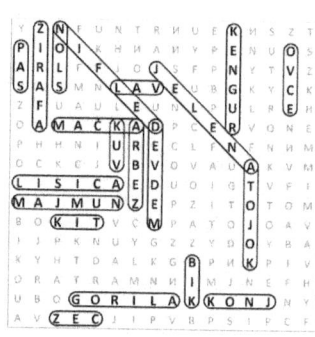

92 - Cucina

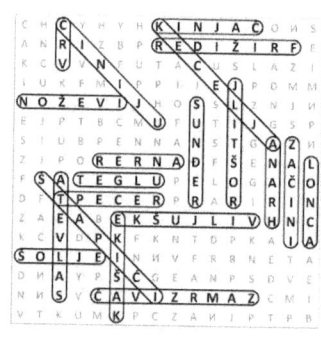

93 - Giardinaggio

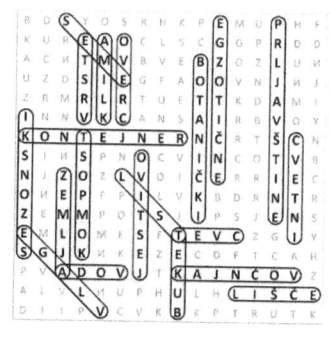

94 - Universo

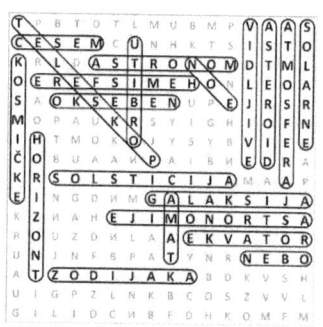

95 - Jazz

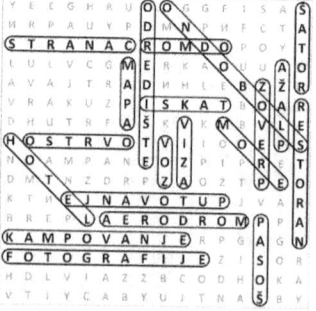

96 - Vacanze #2

97 - Attività

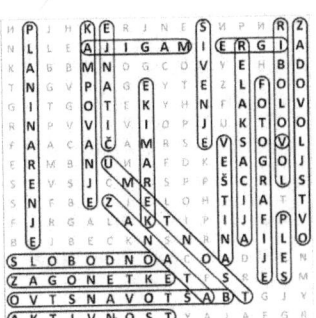

98 - Diplomazia

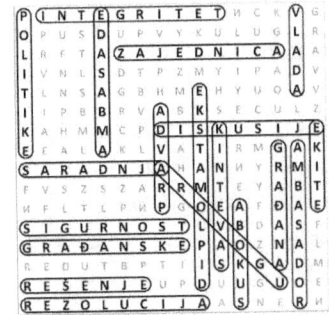

99 - Forniture Artistiche

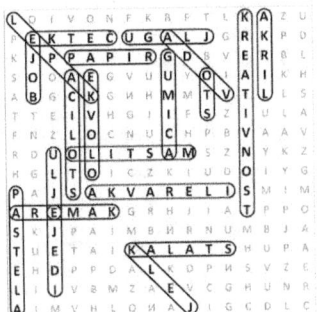

100 - Misurazioni

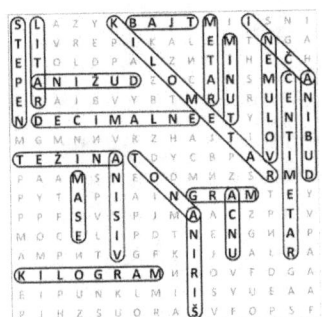

Dizionario

Acqua
Voda

Alluvione	Poplava
Canale	Kanal
Doccia	Tuš
Evaporazione	Isparavanja
Fiume	Reke
Gelo	Mraz
Geyser	Gejzir
Ghiaccio	Led
Irrigazione	Navodnjavanje
Lago	Jezero
Monsone	Monsun
Neve	Sneg
Oceano	Okeana
Onde	Talasa
Pioggia	Kiše
Potabile	Pitke
Umidità	Vlage
Umido	Vlažne
Uragano	Uragan
Vapore	Pare

Aeroplani
Avioni

Altezza	Visina
Altitudine	Visinu
Aria	Vazduh
Atmosfera	Atmosfera
Atterraggio	Sletanja
Avventura	Avantura
Carburante	Gorivo
Cielo	Nebo
Costruzione	Konstrukcija
Direzione	Pravcu
Discesa	Silazak
Equipaggio	Posade
Idrogeno	Vodonik
Motore	Motor
Navigare	Kretanje
Palloncino	Balon
Passeggero	Putnik
Pilota	Pilot
Storia	Istorija
Turbolenza	Turbulencije

Aggettivi #1
Придеви Бр.

Ambizioso	Ambiciozan
Aromatico	Aromatično
Artistico	Umetničke
Assoluto	Apsolutne
Attivo	Aktivan
Enorme	Ogroman
Esotico	Egzotične
Generoso	Velikodušan
Giovane	Mlad
Grande	Velika
Identico	Identičan
Importante	Važno
Lento	Sporo
Lungo	Dugo
Moderno	Moderan
Onesto	Iskren
Perfetto	Savršeno
Pesante	Teška
Prezioso	Vredne
Sottile	Tanak

Aggettivi #2
Придеви Бр.

Affamato	Gladan
Asciutto	Suva
Autentico	Autentičan
Creativo	Kreativne
Descrittivo	Opisni
Dolce	Slatko
Drammatico	Dramatičan
Elegante	Elegantan
Famoso	Poznat
Forte	Jak
Interessante	Zanimljivo
Naturale	Prirodno
Normale	Normalno
Nuovo	Nova
Orgoglioso	Ponosni
Produttivo	Produktivni
Puro	Čista
Responsabile	Odgovoran
Salato	Slano
Sano	Zdrav

Agronomia
Agronomija

Acqua	Voda
Agricoltura	Poljoprivrede
Ambiente	Okruženju
Cibo	Hrana
Crescita	Rast
Ecologia	Ekologije
Energia	Energija
Erosione	Erozije
Fertilizzante	Đubriva
Inquinamento	Zagađenja
Malattie	Bolesti
Organico	Organski
Produzione	Proizvodnja
Ricerca	Istraživanje
Rurale	Ruralnih
Scienza	Nauke
Semi	Seme
Sistemi	Sistemi
Studio	Studija
Suolo	Zemlja

Algebra
Algebra

Diagramma	Dijagram
Divisione	Odsek
Equazione	Jednačina
Esponente	Eksponent
Falso	Lažne
Fattore	Faktor
Formula	Formulu
Frazione	Frakcija
Grafico	Graf
Infinito	Beskrajna
Lineare	Linearne
Matrice	Matrica
Numero	Broj
Parentesi	Zagrada
Problema	Problem
Quantità	Količina
Soluzione	Rešenje
Sottrazione	Oduzimanje
Variabile	Promenljiva
Zero	Nula

Antartide
Антарктика

Acqua	Voda
Ambiente	Okruženju
Baia	Bej
Balene	Kitova
Conservazione	Očuvanje
Continente	Kontinent
Geografia	Geografije
Ghiacciai	Glečera
Ghiaccio	Led
Isole	Ostrva
Migrazione	Migracije
Minerali	Minerala
Nuvole	Oblaci
Penisola	Poluostrvo
Ricercatore	Istraživač
Roccioso	Roki
Scientifico	Naučne
Spedizione	Ekspedicije
Temperatura	Temperatura
Topografia	Topografije

Antiquariato
Antikviteti

Arte	Umetnost
Asta	Aukciji
Autentico	Autentičan
Condizione	Stanje
Decenni	Decenija
Decorativo	Dekorativne
Elegante	Elegantan
Galleria	Galerija
Insolito	Neobično
Investimento	Investicija
Mobilio	Nameštaj
Monete	Kovanice
Prezzo	Cena
Qualità	Kvalitet
Restauro	Restauracija
Scultura	Skulpture
Secolo	Vek
Stile	Stil
Valore	Vrednost
Vecchio	Stari

Api
Pčele

Ali	Krila
Alveare	Košnice
Benefico	Koristan
Cera	Vosak
Cibo	Hrana
Diversità	Raznolikost
Ecosistema	Ekosistem
Fiori	Cveće
Fiorire	Cvet
Frutta	Voće
Fumo	Dim
Giardino	Bašta
Habitat	Stanište
Insetto	Insekt
Miele	Med
Piante	Biljke
Polline	Polen
Regina	Kraljica
Sciame	Roj
Sole	Sunce

Archeologia
Arheologija

Analisi	Analiza
Anni	Godine
Antichità	Antike
Civiltà	Civilizacije
Dimenticato	Zaboravio
Discendente	Potomak
Era	Ere
Esperto	Ekspert
Fossile	Fosil
Mistero	Misterija
Oggetti	Objekte
Ossa	Kosti
Professore	Profesor
Reliquia	Relikvija
Ricercatore	Istraživač
Sconosciuto	Nepoznat
Squadra	Tim
Tempio	Hram
Tomba	Grobnica
Valutazione	Procena

Arti Visive
Vizuelne Umetnosti

Architettura	Arhitektura
Argilla	Gline
Artista	Umetnik
Capolavoro	Remek-Delo
Carbone	Ugalj
Cavalletto	Stalak
Cera	Vosak
Ceramica	Keramike
Composizione	Sastav
Creatività	Kreativnost
Film	Film
Fotografia	Fotografija
Gesso	Krede
Matita	Olovka
Pittura	Slikarstvo
Prospettiva	Perspektive
Ritratto	Portret
Scultura	Skulpture
Stampino	Šablon
Vernice	Lak

Astronomia
Astronomija

Asteroide	Asteroid
Astronauta	Astronauta
Astronomo	Astronom
Cielo	Nebo
Cosmo	Kosmos
Costellazione	Sazvežđe
Equinozio	Ravnodnevnica
Galassia	Galaksija
Gravità	Gravitacije
Luna	Mesec
Meteora	Meteor
Nebulosa	Nebula
Osservatorio	Opservatorije
Pianeta	Planete
Radiazione	Zračenja
Razzo	Raketa
Supernova	Supernova
Telescopio	Teleskop
Terra	Zemlje
Universo	Svemir

Attività
Aktivnosti

Abilità	Veština
Arte	Umetnost
Artigianato	Zanata
Attività	Aktivnost
Caccia	Lov
Campeggio	Kampovanje
Ceramica	Keramike
Cucire	Šivenje
Danza	Ples
Escursioni	Planinarenje
Fotografia	Fotografije
Giardinaggio	Baštovanstvo
Giochi	Igre
Lettura	Čitanje
Magia	Magija
Pesca	Ribolov
Piacere	Zadovoljstvo
Puzzle	Zagonetke
Rilassamento	Relaksacija
Tempo Libero	Slobodno

Attività Commerciale
Biznis

Bilancio	Budžet
Carriera	Karijera
Costo	Troška
Datore di Lavoro	Poslodavca
Dipendente	Zaposlenog
Economia	Ekonomije
Fabbrica	Fabrike
Finanza	Finansija
Investimento	Investicija
Merce	Robe
Negozio	Radnju
Profitto	Dobit
Reddito	Prihod
Sconto	Popust
Società	Kompanija
Soldi	Novac
Transazione	Transakcije
Ufficio	Kancelarije
Valuta	Valute
Vendita	Prodaja

Attività e Tempo Libero
Aktivnosti i Slobodno Vr

Arte	Umetnost
Baseball	Bejzbol
Basket	Košarku
Boxe	Boks
Calcio	Fudbal
Campeggio	Kampovanje
Escursioni	Planinarenje
Giardinaggio	Baštovanstvo
Golf	Golf
Hobby	Hobije
Immersione	Ronjenje
Nuoto	Plivanje
Pallavolo	Odbojka
Pesca	Ribolov
Pittura	Sliku
Rilassante	Opuštajuće
Surf	Surfovanje
Tennis	Tenis
Viaggio	Putovati

Avventura
Avantura

Amici	Prijatelji
Attività	Aktivnost
Bellezza	Lepota
Caso	Šansa
Coraggio	Hrabrost
Destinazione	Odredište
Difficoltà	Teškoće
Entusiasmo	Entuzijazam
Escursione	Ekskurzije
Gioia	Radost
Insolito	Neobično
Itinerario	Program
Natura	Priroda
Navigazione	Navigaciju
Nuovo	Nova
Pericoloso	Opasan
Preparazione	Priprema
Sfide	Izazova
Sicurezza	Sigurnost
Viaggi	Putuje

Balletto
Balet

Abilità	Veština
Applauso	Aplauz
Artistico	Umetničke
Ballerina	Balerina
Ballerini	Plesača
Compositore	Kompozitor
Coreografia	Koreografija
Espressivo	Izražajan
Gesto	Gest
Grazioso	Graciozan
Intensità	Intenzitet
Muscoli	Mišića
Musica	Muzika
Orchestra	Orkestar
Pratica	Vežba
Prova	Probe
Pubblico	Publike
Ritmo	Ritam
Stile	Stil
Tecnica	Tehnika

Barbecue
Роштиљ

Caldo	Vruće
Cena	Večera
Cibo	Hrana
Cipolle	Luk
Coltelli	Noževi
Estate	Leto
Fame	Glad
Famiglia	Porodica
Frutta	Voće
Giochi	Igre
Griglia	Roštilj
Insalate	Salate
Invito	Poziv
Musica	Muzika
Pepe	Biber
Pollo	Pile
Pomodori	Paradajz
Pranzo	Ručak
Sale	So
Salsa	Sos

Bellezza
Lepota

Colore	Boja
Cosmetici	Kozmetika
Elegante	Elegantan
Eleganza	Eleganciju
Fascino	Šarm
Forbici	Makaze
Fotogenico	Fotogeniиan
Fragranza	Miris
Grazia	Grejs
Liscio	Glatka
Mascara	Maskara
Oli	Ulja
Pelle	Koža
Prodotti	Proizvodi
Riccioli	Lokne
Rossetto	Ruž
Servizi	Usluge
Shampoo	Šampon
Specchio	Ogledalo
Stilista	Stilista

Biologia
Biologija

Anatomia	Anatomije
Batteri	Bakterija
Cellula	Ćeliju
Collagene	Kolagena
Cromosoma	Hromozom
Embrione	Embrion
Enzima	Enzim
Evoluzione	Evolucije
Fotosintesi	Fotosinteza
Mammifero	Sisar
Mutazione	Mutacije
Naturale	Prirodno
Nervo	Nerva
Neurone	Neuron
Ormone	Hormon
Osmosi	Osmoze
Proteina	Proteina
Rettile	Reptil
Simbiosi	Simbioze
Sinapsi	Sinapse

Campeggio
Kampovanje

Alberi	Drveća
Amaca	Viseća
Animali	Životinje
Avventura	Avantura
Bussola	Kompas
Cabina	Kabine
Caccia	Lov
Canoa	Kanu
Cappello	Šešir
Corda	Konopac
Divertimento	Zabava
Foresta	Šuma
Fuoco	Požar
Insetto	Insekt
Lago	Jezero
Luna	Mesec
Mappa	Mapa
Montagna	Planine
Natura	Priroda
Tenda	Šator

Casa
Kuća

Attico	Tavanu
Biblioteca	Biblioteke
Camera	Soba
Camino	Kamin
Cucina	Kuhinja
Doccia	Tuš
Finestra	Prozor
Garage	Garaža
Giardino	Bašta
Lampada	Lampa
Parete	Zid
Pavimento	Pod
Porta	Vrata
Recinto	Ograde
Rubinetto	Slavina
Scopa	Metla
Soffitto	Plafon
Specchio	Ogledalo
Tappeto	Tepih
Tetto	Krov

Chimica
Hemija

Acido	Kiseline
Alcalino	Alkalne
Atomico	Atomske
Calore	Toplote
Carbonio	Ugljenik
Catalizzatore	Katalizator
Cloro	Hlor
Elettrone	Elektron
Enzima	Enzim
Gas	Gas
Idrogeno	Vodonik
Ione	Jon
Liquido	Tečnog
Molecola	Molekul
Nucleare	Nuklearne
Organico	Organski
Ossigeno	Kiseonik
Peso	Težina
Sale	So
Temperatura	Temperatura

Cibo #1
Храна Бр.

Aglio	Beli Luk
Basilico	Bosiljak
Cannella	Cimet
Carne	Mesa
Carota	Šargarepa
Cipolla	Luk
Fragola	Jagoda
Insalata	Salata
Latte	Mleka
Limone	Limun
Menta	Nane
Orzo	Ječam
Pera	Kruške
Rapa	Repa
Sale	So
Spinaci	Spanać
Succo	Sok
Tonno	Tuna
Torta	Torta
Zucchero	Šećera

Cibo #2
Храна # 2

Banana	Banane
Broccolo	Brokoli
Ciliegia	Višnje
Cioccolato	Čokolada
Formaggio	Sir
Fungo	Gljiva
Grano	Pšenice
Kiwi	Kivi
Mela	Jabuka
Melanzana	Patlidžan
Pane	Hleb
Pesce	Ribe
Pollo	Pile
Pomodoro	Paradajz
Prosciutto	Šunka
Riso	Pirinač
Sedano	Celer
Uovo	Jaje
Uva	Grožđa
Yogurt	Jogurt

Cioccolato
Čokolada

Amaro	Gorka
Antiossidante	Antioksidans
Arachidi	Kikiriki
Aroma	Arome
Artigianale	Zanatski
Cacao	Kakao
Calorie	Kalorija
Caramella	Bombona
Caramello	Karamel
Delizioso	Ukusno
Dolce	Slatko
Esotico	Egzotične
Gusto	Ukus
Ingrediente	Sastojak
Noce di Cocco	Kokos
Polvere	Prah
Preferito	Omiljeni
Qualità	Kvalitet
Ricetta	Recept
Zucchero	Šećera

Città
Grad

Aeroporto	Aerodrom
Banca	Banke
Biblioteca	Biblioteke
Cinema	Bioskop
Clinica	Klinici
Farmacia	Apoteke
Fiorista	Cvećar
Galleria	Galerija
Hotel	Hotel
Libreria	Knjižara
Mercato	Tržište
Museo	Muzej
Negozio	Prodavnica
Panetteria	Pekara
Scuola	Škola
Stadio	Stadion
Supermercato	Supermarketa
Teatro	Pozorište
Università	Univerzitet
Zoo	Zoo Vrt

Corpo Umano
Ljudsko Telo

Bocca	Usta
Caviglia	Skočni Zglob
Cervello	Mozak
Collo	Vrat
Cuore	Srce
Dito	Prst
Faccia	Lice
Gamba	Nogu
Ginocchio	Koleno
Gomito	Lakat
Mano	Ruka
Mento	Brada
Naso	Nos
Occhio	Oko
Orecchio	Uvo
Pelle	Koža
Sangue	Krv
Spalla	Rame
Stomaco	Stomak
Testa	Glava

Creatività
Kreativnost

Abilità	Veština
Artistico	Umetničke
Autenticità	Autentičnost
Chiarezza	Jasnoće
Drammatico	Dramatičan
Emozioni	Emocija
Espressione	Izraz
Idee	Ideje
Immaginazione	Mašte
Immagine	Slika
Impressione	Utisak
Intensità	Intenzitet
Intuizione	Intuiciju
Inventivo	Inventivni
Ispirazione	Inspiracija
Sensazione	Senzacija
Sentimenti	Osećanja
Spontaneo	Spontani
Visioni	Vizije
Vitalità	Vitalnost

Cucina
Kuhinja

Bacchette	Štapići
Bollitore	Čajnik
Brocca	Vrč
Cibo	Hrana
Ciotola	Činiju
Coltelli	Noževi
Congelatore	Zamrzivač
Cucchiai	Kašike
Forchette	Viljuške
Forno	Rerna
Frigorifero	Frižider
Grembiule	Kecelja
Griglia	Roštilj
Mestolo	Lonca
Ricetta	Recept
Spezie	Začini
Spugna	Sunđer
Tazze	Šolje
Tovagliolo	Salveta
Vaso	Teglu

Diplomazia
Diplomatija

Ambasciata	Ambasade
Ambasciatore	Ambasador
Cittadini	Građana
Civico	Građanske
Comunità	Zajednica
Conflitto	Sukoba
Consigliere	Savetnik
Cooperazione	Saradnja
Diplomatico	Diplomatske
Discussione	Diskusije
Etica	Etike
Giustizia	Pravda
Governo	Vlada
Integrità	Integritet
Politica	Politike
Risoluzione	Rezolucija
Sicurezza	Sigurnost
Soluzione	Rešenje
Trattato	Ugovora
Umanitario	Humanitarne

Discipline Scientifiche
Naučne Discipline

Italian	Serbian
Anatomia	Anatomije
Archeologia	Arheologije
Astronomia	Astronomije
Biochimica	Biohemije
Biologia	Biologije
Botanica	Botanike
Chimica	Hemije
Ecologia	Ekologije
Fisiologia	Fiziologije
Geologia	Geologije
Immunologia	Imunologije
Linguistica	Lingvistike
Meccanica	Mehanike
Meteorologia	Meteorologije
Mineralogia	Mineralogija
Neurologia	Neurologije
Psicologia	Psihologije
Sociologia	Sociologije
Termodinamica	Termodinamike
Zoologia	Zoologije

Ecologia
Ekologija

Italian	Serbian
Clima	Klima
Comunità	Zajednice
Diversità	Raznolikost
Fauna	Faune
Flora	Flore
Globale	Globalno
Habitat	Stanište
Marino	Morskih
Natura	Priroda
Naturale	Prirodno
Palude	Močvara
Piante	Biljke
Risorse	Resurse
Siccità	Suše
Sopravvivenza	Opstanak
Sostenibile	Održiv
Specie	Vrste
Varietà	Različite
Vegetazione	Vegetacije
Volontari	Volontera

Edifici
Zgrade

Italian	Serbian
Ambasciata	Ambasade
Appartamento	Stan
Cabina	Kabine
Castello	Zamak
Cinema	Bioskop
Fabbrica	Fabrike
Fienile	Ambar
Hotel	Hotel
Laboratorio	Laboratorija
Museo	Muzej
Ospedale	Bolnica
Osservatorio	Opservatorije
Ostello	Hostel
Scuola	Škola
Stadio	Stadion
Supermercato	Supermarketa
Teatro	Pozorište
Tenda	Šator
Torre	Kula
Università	Univerzitet

Elettricità
Електрична Енергија

Italian	Serbian
Attrezzatura	Oprema
Batteria	Baterije
Cavo	Kabl
Conservazione	Skladište
Elettricista	Električar
Elettrico	Električni
Fili	Žice
Generatore	Generator
Lampada	Lampa
Lampadina	Sijalica
Laser	Laser
Magnete	Magnet
Negativo	Negativne
Oggetti	Objekte
Positivo	Pozitivno
Presa	Utičnica
Quantità	Količina
Rete	Mreža
Telefono	Telefon
Televisione	Televizija

Emozioni
Emocije

Italian	Serbian
Amore	Ljubav
Beatitudine	Blaženstvo
Calma	Mirno
Contenuto	Sadržaj
Gentilezza	Ljubaznost
Gioia	Radost
Grato	Zahvalan
Imbarazzato	Sramota
Noia	Dosade
Pace	Mir
Paura	Strah
Rabbia	Bes
Rilassato	Opušteno
Rilievo	Reljef
Simpatia	Simpatije
Soddisfatto	Zadovoljan
Sorpresa	Iznenađenje
Tenerezza	Nežnost
Tranquillità	Spokoj
Tristezza	Tuga

Energia
Energija

Ambiente	Okruženju
Batteria	Baterije
Benzina	Benzin
Calore	Toplote
Carbonio	Ugljenik
Carburante	Gorivo
Diesel	Dizel
Elettrico	Električni
Elettrone	Elektron
Entropia	Entropije
Fotone	Foton
Idrogeno	Vodonik
Industria	Industrija
Inquinamento	Zagađenja
Motore	Motor
Nucleare	Nuklearne
Rinnovabile	Obnovljive
Turbina	Turbinu
Vapore	Pare
Vento	Vetar

Erboristeria
Herbalizam

Aglio	Beli Luk
Aneto	Mirođija
Aromatico	Aromatično
Basilico	Bosiljak
Culinario	Kulinarske
Dragoncello	Estragon
Finocchio	Komorač
Fiore	Cvet
Giardino	Bašta
Ingrediente	Sastojak
Lavanda	Lavande
Maggiorana	Majoran
Menta	Nane
Origano	Origano
Pianta	Biljka
Prezzemolo	Peršun
Qualità	Kvalitet
Rosmarino	Ruzmarin
Verde	Zelen
Zafferano	Šafran

Escursionismo
Planinarenje

Acqua	Voda
Animali	Životinje
Campeggio	Kampovanje
Clima	Klima
Guide	Vodiči
Mappa	Mapa
Montagna	Planine
Natura	Priroda
Orientamento	Položaj
Parchi	Parkova
Pericoli	Opasnosti
Pesante	Teška
Pietre	Kamenje
Preparazione	Priprema
Scogliera	Klif
Selvaggio	Divlja
Sole	Sunce
Stanco	Umoran
Stivali	Čizme
Vertice	Samit

Famiglia
Porodica

Antenato	Predak
Bambini	Deca
Bambino	Dete
Cugino	Rođak
Figlia	Ćerka
Fratello	Brat
Gemelli	Blizanci
Infanzia	Detinjstva
Madre	Majka
Marito	Muž
Materno	Majčinske
Moglie	Supruga
Nipote	Nećak
Nonna	Baka
Nonno	Deda
Padre	Otac
Paterno	Očinske
Sorella	Sestra
Zia	Tetka
Zio	Ujak

Fantascienza
Naučna Fantastika

Atomico	Atomske
Cinema	Bioskop
Distopia	Distopija
Esplosione	Eksplozije
Estremo	Ekstremne
Fantastico	Fantastičan
Fuoco	Požar
Futuristico	Futuristički
Galassia	Galaksija
Illusione	Iluzije
Immaginario	Imaginarne
Libri	Knjige
Misterioso	Tajanstven
Mondo	Svet
Oracolo	Proročište
Pianeta	Planete
Realistico	Realno
Robot	Robota
Tecnologia	Tehnologija
Utopia	Utopije

Fattoria #1
Фарма Бр.

Acqua	Voda
Agricoltura	Poljoprivrede
Ape	Pčela
Asino	Magarac
Campo	Polje
Cane	Pas
Capra	Koza
Cavallo	Konj
Fertilizzante	Đubriva
Fieno	Seno
Gatto	Mačka
Gregge	Jato
Maiale	Svinja
Miele	Med
Mucca	Krava
Pollo	Pile
Recinto	Ograde
Riso	Pirinač
Semi	Seme
Vitello	Tele

Fattoria #2
Фарма # 2

Italiano	Srpski
Agnello	Jagnje
Agricoltore	Farmer
Alveare	Košnica
Anatra	Patka
Animali	Životinje
Cibo	Hrana
Fienile	Ambar
Frutta	Voće
Frutteto	Voćnjak
Grano	Pšenice
Irrigazione	Navodnjavanje
Lama	Lame
Latte	Mleka
Mais	Kukuruz
Oche	Guske
Orzo	Ječam
Pastore	Pastir
Pecora	Ovce
Prato	Livada
Trattore	Traktor

Filantropia
Добротворна Организација

Italiano	Srpski
Bambini	Deca
Bisogno	Treba
Carità	Milostinju
Comunità	Zajednica
Contatti	Kontakti
Finanza	Finansija
Fondi	Sredstva
Generosità	Velikodušnost
Gioventù	Mladost
Globale	Globalno
Gruppi	Grupe
Missione	Misija
Obiettivi	Ciljeve
Onestà	Iskrenost
Persone	Ljudi
Programmi	Programi
Pubblico	Javni
Sfide	Izazova
Storia	Istorija
Umanità	Čovečanstvo

Fiori
Cveće

Italiano	Srpski
Dente di Leone	Maslačak
Gardenia	Gardenija
Gelsomino	Jasmin
Giglio	Lili
Girasole	Suncokret
Ibisco	Hibiskus
Lavanda	Lavande
Lilla	Jorgovan
Magnolia	Magnolije
Margherita	Dejzi
Mazzo	Buket
Orchidea	Orhideja
Papavero	Maka
Passiflora	Passionflover
Peonia	Božur
Petalo	Latica
Plumeria	Plumerija
Rosa	Ruža
Trifoglio	Detelina
Tulipano	Lala

Fisica
Fizika

Italiano	Srpski
Accelerazione	Ubrzanje
Atomo	Atom
Caos	Haos
Chimico	Hemijske
Densità	Gustine
Elettrone	Elektron
Espansione	Ekspanzija
Formula	Formulu
Frequenza	Frekvencija
Gas	Gas
Gravità	Gravitacije
Magnetismo	Magnetizam
Meccanica	Mehanike
Molecola	Molekul
Motore	Motor
Nucleare	Nuklearne
Particella	Čestica
Relatività	Relativnost
Universale	Univerzalna
Velocità	Brzine

Foresta Pluviale
Rainforest

Italiano	Srpski
Anfibi	Vodozemci
Botanico	Botanički
Clima	Klima
Comunità	Zajednica
Diversità	Raznolikost
Giungla	Džungli
Indigeno	Autohtonih
Insetti	Insekti
Mammiferi	Sisara
Muschio	Mahovina
Natura	Priroda
Nuvole	Oblaci
Preservazione	Očuvanje
Prezioso	Vredne
Restauro	Restauracija
Rifugio	Utočište
Rispetto	Poštovati
Sopravvivenza	Opstanak
Specie	Vrste
Uccelli	Ptice

Forme
Oblici

Italiano	Srpski
Angolo	Ugao
Arco	Luk
Bordi	Ivice
Cerchio	Krug
Cilindro	Cilindar
Cono	Klip
Cubo	Kocka
Curva	Krive
Ellisse	Elipse
Iperbole	Hiperbola
Lato	Strana
Linea	Red
Ovale	Ovalne
Piramide	Piramide
Poligono	Poligona
Prisma	Prizme
Quadrato	Kvadrat
Rettangolo	Pravougaonik
Sfera	Sferi
Triangolo	Trougao

Forniture Artistiche
Umetnički Pribor

Acqua	Voda
Acquerelli	Akvareli
Acrilico	Akril
Argilla	Klej
Carbone	Ugalj
Carta	Papir
Cavalletto	Stalak
Colla	Lepak
Colori	Boje
Creatività	Kreativnost
Gomma	Gumica
Idee	Ideje
Inchiostro	Mastilo
Matite	Olovke
Olio	Ulje
Pastelli	Pastela
Sedia	Stolica
Spazzole	Četke
Tavolo	Sto
Telecamera	Kamera

Forza e Gravità
Sila i Gravitacija

Asse	Ose
Attrito	Trenja
Centro	Centar
Dinamico	Dinamičan
Distanza	Udaljenost
Espansione	Ekspanzija
Fisica	Fizike
Impatto	Uticaj
Magnetismo	Magnetizam
Meccanica	Mehanike
Movimento	Pokretu
Orbita	Orbitu
Peso	Težina
Pianeti	Planete
Pressione	Pritisak
Proprietà	Svojstva
Scoperta	Otkriće
Tempo	Vreme
Universale	Univerzalna
Velocità	Brzina

Frutta
Voće

Albicocca	Kajsije
Ananas	Ananas
Arancia	Pomorandža
Avocado	Avokado
Bacca	Berri
Banana	Banane
Ciliegia	Višnje
Kiwi	Kivi
Lampone	Maline
Limone	Limun
Mango	Mango
Mela	Jabuka
Melone	Dinja
Mora	Kupina
Nettarina	Nektarina
Papaia	Papaja
Pera	Kruške
Pesca	Breskve
Prugna	Plam
Uva	Grožđa

Geografia
Geografija

Altitudine	Visinu
Atlante	Atlas
Città	Grad
Continente	Kontinent
Elevazione	Visina
Emisfero	Hemisfere
Fiume	Reke
Isola	Ostrvo
Mappa	Mapa
Mare	More
Meridiano	Meridijan
Mondo	Svet
Montagna	Planine
Nord	Sever
Oceano	Okean
Ovest	Zapad
Paese	Zemlju
Regione	Regiona
Sud	Jug
Territorio	Teritorije

Geologia
Geologija

Acido	Kiseline
Altopiano	Plato
Calcio	Kalcijum
Caverna	Kaverna
Continente	Kontinent
Corallo	Koral
Cristalli	Kristala
Erosione	Erozije
Fossile	Fosil
Geyser	Gejzir
Lava	Lava
Minerali	Minerala
Pietra	Kamen
Quarzo	Kvarc
Sale	So
Stalagmiti	Stalagmita
Stalattite	Stalaktit
Strato	Sloj
Terremoto	Zemljotres
Vulcano	Vulkan

Geometria
Geometrija

Altezza	Visina
Angolo	Ugao
Calcolo	Obračun
Cerchio	Krug
Curva	Krive
Diametro	Prečnik
Dimensione	Dimenziju
Equazione	Jednačina
Logica	Logike
Mediano	Medijana
Numero	Broj
Orizzontale	Horizontalne
Parallelo	Paralelni
Proporzione	Procenat
Segmento	Segment
Simmetria	Simetrija
Superficie	Površina
Teoria	Teorije
Triangolo	Trougao
Verticale	Vertikalne

Giardinaggio
Baštovanstvo

Acqua	Voda
Botanico	Botanički
Clima	Klima
Commestibile	Jestivo
Compost	Kompost
Contenitore	Kontejner
Esotico	Egzotične
Fiorire	Cvet
Floreale	Cvetni
Foglia	List
Fogliame	Lišće
Frutteto	Voćnjak
Mazzo	Buket
Semi	Seme
Specie	Vrste
Sporco	Prljavštine
Stagionale	Sezonski
Suolo	Zemlja
Tubo	Crevo
Umidità	Vlage

Giardino
Гарден

Albero	Drvo
Amaca	Viseća
Cespuglio	Grm
Erba	Trava
Erbacce	Korov
Fiore	Cvet
Frutteto	Voćnjak
Garage	Garaža
Giardino	Bašta
Pala	Lopata
Panca	Klupa
Prato	Travnjak
Rastrello	Grablje
Recinto	Ograde
Stagno	Jezeru
Suolo	Zemlja
Terrazza	Terasa
Trampolino	Trampolin
Tubo	Crevo
Vite	Vajn

Giorni e Mesi
Dani i Meseci

Agosto	Avgust
Anno	Godina
Aprile	April
Calendario	Kalendar
Dicembre	Decembar
Domenica	Subota
Febbraio	Februar
Gennaio	Januar
Giugno	Jun
Luglio	Jul
Lunedì	Ponedeljak
Martedì	Utorak
Marzo	Marš
Mercoledì	Sreda
Mese	Meseca
Novembre	Novembar
Ottobre	Oktobar
Settembre	Septembar
Settimana	Nedelja
Venerdì	Petak

Governo
Vlade

Capo	Lider
Cittadinanza	Državljanstva
Civile	Civilni
Costituzione	Ustav
Democrazia	Demokratije
Discorso	Govor
Discussione	Diskusije
Giudiziario	Sudske
Giustizia	Pravda
Indipendenza	Nezavisnost
Legge	Zakon
Libertà	Slobode
Monumento	Spomenik
Nazionale	Nacionalna
Nazione	Nacije
Politica	Politike
Quartiere	Okrug
Simbolo	Simbol
Stato	Države
Uguaglianza	Jednakost

Guida
Vožnja

Attenzione	Oprez
Auto	Kola
Autobus	Autobus
Carburante	Gorivo
Freni	Kočnice
Garage	Garaža
Gas	Gas
Incidente	Nesreća
Licenza	Licencu
Mappa	Mapa
Moto	Motor
Pedonale	Pešak
Pericolo	Opasnost
Polizia	Policija
Sicurezza	Sigurnost
Strada	Put
Traffico	Saobraćaja
Trasporto	Prevoz
Tunnel	Tunel
Velocità	Brzina

I Media
Mediji

Atteggiamenti	Stavova
Commerciale	Komercijalni
Comunicazione	Komunikacija
Digitale	Digitalni
Edizione	Izdanje
Educazione	Obrazovanje
Fatti	Činjenice
Finanziamento	Finansiranje
Foto	Fotografije
Giornali	Novine
Individuale	Pojedinac
Industria	Industrija
Intellettuale	Intelektualne
Locale	Lokalni
Online	Online
Opinione	Mišljenje
Pubblico	Javni
Radio	Radio
Rete	Mreža
Televisione	Televizija

Imbarcazioni
Brodovi

Albero	Jarbol
Ancora	Sidro
Barca a Vela	Jedrilica
Boa	Bova
Canoa	Kanu
Corda	Konopac
Equipaggio	Posade
Fiume	Reke
Kayak	Kajak
Lago	Jezero
Mare	More
Marea	Plime
Marinaio	Mornar
Motore	Motor
Nautico	Nautičkih
Oceano	Okean
Onde	Talasa
Traghetto	Trajekt
Yacht	Jahte
Zattera	Splav

Ingegneria
Инжењерска Уметност

Italian	Serbian
Angolo	Ugao
Asse	Ose
Calcolo	Obračun
Costruzione	Konstrukcija
Diagramma	Dijagram
Diametro	Prečnik
Diesel	Dizel
Distribuzione	Distribucija
Energia	Energija
Forza	Snage
Ingranaggi	Zupčanika
Liquido	Tečnog
Macchina	Mašina
Misurazione	Merenje
Motore	Motor
Profondità	Dubina
Propulsione	Pogon
Rotazione	Rotacije
Stabilità	Stabilnost
Struttura	Struktura

Jazz
Džez

Italian	Serbian
Album	Album
Applauso	Aplauz
Artista	Umetnik
Canzone	Pesma
Compositore	Kompozitor
Composizione	Sastav
Concerto	Koncert
Enfasi	Naglasak
Famoso	Poznat
Genere	Žanr
Improvvisazione	Improvizacije
Musica	Muzika
Nuovo	Nova
Orchestra	Orkestar
Preferiti	Favorita
Ritmo	Ritam
Stile	Stil
Talento	Talenat
Tecnica	Tehnika
Vecchio	Stari

L'Azienda
Kompanija

Italian	Serbian
Creativo	Kreativne
Decisione	Odluka
Globale	Globalno
Industria	Industrija
Innovativo	Inovativne
Investimento	Investicija
Occupazione	Zaposlenje
Possibilità	Mogućnost
Presentazione	Prezentacija
Prodotto	Proizvod
Professionale	Profesionalni
Progresso	Napredak
Qualità	Kvalitet
Reddito	Prihod
Reputazione	Ugled
Rischi	Rizici
Risorse	Resurse
Salari	Plate
Tendenze	Trendove
Unità	Jedinice

Letteratura
Književnost

Italian	Serbian
Analisi	Analiza
Analogia	Analogija
Aneddoto	Anegdota
Autore	Autor
Biografia	Biografija
Conclusione	Zaključak
Confronto	Poređenje
Descrizione	Opis
Dialogo	Dijalog
Genere	Žanr
Metafora	Metafora
Opinione	Mišljenje
Poesia	Pesma
Poetico	Pesničke
Rima	Rime
Ritmo	Ritam
Romanzo	Roman
Stile	Stil
Tema	Tema
Tragedia	Tragedije

Libri
Knjige

Italian	Serbian
Autore	Autor
Avventura	Avantura
Collezione	Kolekcija
Contesto	Kontekst
Dualità	Dvojnost
Epico	Epske
Inventivo	Inventivni
Letterario	Književne
Lettore	Čitač
Narratore	Narator
Pagina	Strana
Poesia	Poezije
Rilevante	Relevantno
Romanzo	Roman
Scritto	Napisan
Serie	Serija
Storia	Priča
Storico	Istorijski
Tragico	Tragične
Umoristico	Duhovit

Malattia
Bolest

Acuto	Akutni
Addominale	Trbušnjaci
Allergie	Alergije
Benessere	Vellness
Contagioso	Zarazne
Corpo	Telo
Cronico	Hronične
Cuore	Srce
Debole	Slab
Ereditario	Nasledne
Genetico	Genetske
Immunità	Imunitet
Infiammazione	Upalu
Lombare	Lumbalne
Neuropatia	Neuropatija
Polmonare	Plućne
Respiratorio	Respiratorna
Salute	Zdravlje
Sindrome	Sindrom
Terapia	Terapija

Mammiferi
Sisari

Balena	Kit
Cane	Pas
Canguro	Kengur
Cavallo	Konj
Cervo	Jelena
Coniglio	Zec
Coyote	Kojota
Delfino	Delfin
Elefante	Slon
Gatto	Mačka
Giraffa	Žirafa
Gorilla	Gorila
Leone	Lav
Lupo	Vuk
Orso	Medved
Pecora	Ovce
Scimmia	Majmun
Toro	Bik
Volpe	Lisica
Zebra	Zebra

Matematica
Matematike

Angoli	Uglova
Aritmetica	Aritmetika
Circonferenza	Obim
Decimale	Decimalne
Diametro	Prečnik
Divisione	Odsek
Equazione	Jednačina
Esponente	Eksponent
Frazione	Frakcija
Geometria	Geometrije
Parallelo	Paralelni
Parallelogramma	Paralelogram
Perimetro	Perimetar
Poligono	Poligona
Quadrato	Kvadrat
Raggio	Radijus
Rettangolo	Pravougaonik
Simmetria	Simetrija
Triangolo	Trougao
Volume	Volumen

Meditazione
Meditacija

Italian	Meditacija
Accettazione	Prihvatanje
Attenzione	Pažnja
Calma	Mirno
Chiarezza	Jasnoće
Compassione	Saosećanje
Emozioni	Emocija
Gentilezza	Ljubaznost
Gratitudine	Zahvalnost
Mentale	Mentalne
Mente	Um
Movimento	Pokret
Musica	Muzika
Natura	Priroda
Osservazione	Posmatranje
Pace	Mir
Pensieri	Misli
Postura	Stav
Prospettiva	Perspektive
Respirazione	Disanje
Silenzio	Tišina

Meteo
Vreme

Arcobaleno	Duga
Asciutto	Suva
Atmosfera	Atmosfera
Brezza	Povetarac
Cielo	Nebo
Clima	Klima
Fulmine	Munje
Ghiaccio	Led
Monsone	Monsun
Nebbia	Magla
Nube	Oblak
Polare	Polarni
Siccità	Suše
Temperatura	Temperatura
Tempesta	Oluja
Tornado	Tornado
Tropicale	Tropske
Tuono	Grmljavina
Uragano	Uragan
Vento	Vetar

Misurazioni
Меасуремєнтс

Altezza	Visina
Byte	Bajt
Centimetro	Centimetar
Chilogrammo	Kilogram
Chilometro	Kilometar
Decimale	Decimalne
Grado	Stepen
Grammo	Gram
Larghezza	Širina
Litro	Litar
Lunghezza	Dužina
Massa	Mase
Metro	Metar
Minuto	Minut
Oncia	Unca
Peso	Težina
Pollice	Inča
Profondità	Dubina
Tonnellata	Tona
Volume	Volumen

Mitologia
Mitologija

Archetipo	Arhetip
Comportamento	Ponašanje
Creatura	Stvorenje
Creazione	Stvaranje
Cultura	Kultura
Disastro	Katastrofe
Divinità	Božanstava
Eroe	Heroj
Forza	Snage
Fulmine	Munje
Gelosia	Ljubomore
Guerriero	Ratnik
Immortalità	Besmrtnost
Labirinto	Lavirint
Leggenda	Legenda
Magico	Magične
Mortale	Smrtni
Mostro	Čudovište
Tuono	Grmljavina
Vendetta	Osveta

Moda
Moda

Abbigliamento	Odeću
Boutique	Butik
Caro	Skupo
Confortevole	Udoban
Elegante	Elegantan
Minimalista	Minimalista
Modello	Obrazac
Moderno	Moderan
Modesto	Skroman
Originale	Originalne
Pizzo	Čipke
Pratico	Praktične
Pulsanti	Dugmad
Ricamo	Vez
Semplice	Jednostavan
Sofisticato	Sofisticiran
Stile	Stil
Tendenza	Trend
Tessuto	Tkanina
Trama	Teksture

Musica
Muzika

Album	Album
Armonia	Harmonije
Armonico	Harmonika
Ballata	Balada
Cantante	Pevačica
Cantare	Pevam
Classico	Klasične
Coro	Hor
Lirico	Lirski
Melodia	Melodi
Microfono	Mikrofon
Musicale	Muzičke
Musicista	Muzičar
Opera	Opere
Poetico	Pesničke
Registrazione	Snimanje
Ritmico	Ritmičke
Ritmo	Ritam
Strumento	Instrument
Vocale	Vokal

Natura
Priroda

Animali	Životinje
Api	Pčele
Artico	Arktik
Bellezza	Lepota
Deserto	Pustinji
Dinamico	Dinamičan
Erosione	Erozije
Fiume	Reke
Fogliame	Lišće
Foresta	Šuma
Ghiacciaio	Glečer
Montagne	Planine
Nebbia	Magla
Nuvole	Oblaci
Rifugio	Sklonište
Santuario	Svetilište
Selvaggio	Divlja
Sereno	Spokojan
Tropicale	Tropske
Vitale	Vitalni

Numeri
Brojevi

Cinque	Pet
Decimale	Decimalne
Diciannove	Devetnaest
Diciassette	Sedamnaest
Diciotto	Osamnaest
Dieci	Deset
Dodici	Dvanaest
Due	Dva
Nove	Devet
Otto	Osam
Quattordici	Četrnaest
Quattro	Četiri
Quindici	Petnaest
Sedici	Šesnaest
Sei	Šest
Sette	Sedam
Tre	Tri
Tredici	Trinaest
Venti	Dvadeset
Zero	Nula

Nutrizione
Ishrana

Amaro	Gorka
Appetito	Apetit
Bilanciato	Uravnotežen
Calorie	Kalorija
Commestibile	Jestivo
Dieta	Dijeta
Digestione	Varenje
Fermentazione	Fermentacije
Gusto	Ukus
Liquidi	Tečnosti
Peso	Težina
Porzione	Deo
Proteine	Proteina
Qualità	Kvalitet
Salsa	Sos
Salute	Zdravlje
Sano	Zdrav
Spezie	Začini
Tossina	Otrov
Vitamina	Vitamin

Oceano
Okeana

Anguilla	Jegulja
Balena	Kit
Barca	Čamac
Corallo	Koral
Delfino	Delfin
Gamberetto	Škampi
Granchio	Kraba
Maree	Plime
Medusa	Meduza
Onde	Talasa
Ostrica	Ostriga
Pesce	Ribe
Polpo	Hobotnice
Sale	So
Scogliera	Greben
Spugna	Sunđer
Squalo	Ajkula
Tartaruga	Kornjača
Tempesta	Oluja
Tonno	Tuna

Paesaggi
Pejzaži

Cascata	Vodopad
Collina	Brdo
Deserto	Pustinji
Fiume	Reke
Geyser	Gejzir
Ghiacciaio	Glečer
Grotta	Pećine
Iceberg	Ledenog Brega
Isola	Ostrvo
Lago	Jezero
Mare	More
Montagna	Planine
Oasi	Oaze
Oceano	Okean
Palude	Močvara
Penisola	Poluostrvo
Spiaggia	Plaža
Tundra	Tundre
Valle	Dolini
Vulcano	Vulkan

Paesi #1
Zemlje #1

Brasile	Brazil
Cambogia	Kambodže
Canada	Kanada
Egitto	Egipat
Finlandia	Finska
Germania	Nemačka
India	Indija
Iraq	Irak
Israele	Izrael
Libia	Libija
Mali	Mali
Marocco	Maroko
Norvegia	Norveška
Panama	Panama
Polonia	Poljska
Romania	Rumunija
Senegal	Senegal
Spagna	Španija
Venezuela	Venecuela
Vietnam	Vijetnam

Paesi #2
Zemlje #2

Albania	Albanija
Danimarca	Danska
Etiopia	Etiopije
Giamaica	Jamajka
Giappone	Japan
Grecia	Grčke
Haiti	Haiti
Indonesia	Indonezija
Irlanda	Irska
Laos	Laos
Liberia	Liberije
Messico	Meksiko
Nepal	Nepal
Nigeria	Nigerija
Pakistan	Pakistan
Russia	Rusija
Siria	Sirije
Sudan	Sudan
Ucraina	Ukrajina
Uganda	Ugandi

Piante
Biljke

Albero	Drvo
Bacca	Berri
Bambù	Bambus
Botanica	Botanike
Cactus	Kaktus
Cespuglio	Grm
Crescere	Raste
Edera	Bršljan
Erba	Trava
Fagiolo	Pasulj
Fertilizzante	Đubriva
Fiore	Cvet
Flora	Flore
Fogliame	Lišće
Foresta	Šuma
Giardino	Bašta
Muschio	Mahovina
Petalo	Latica
Radice	Koren
Vegetazione	Vegetacije

Professioni #1
Професије Бр.

Allenatore	Trener
Ambasciatore	Ambasador
Artista	Umetnik
Astronomo	Astronom
Avvocato	Advokat
Ballerino	Plesačica
Banchiere	Bankar
Cacciatore	Lovac
Cartografo	Kartograf
Editore	Urednik
Farmacista	Farmaceut
Geologo	Geolog
Gioielliere	Zlatar
Infermiera	Sestra
Marinaio	Mornar
Musicista	Muzičar
Pianista	Pijanista
Psicologo	Psiholog
Scienziato	Naučnik
Veterinario	Veterinar

Professioni #2
Професије Бр.

Astronauta	Astronauta
Bibliotecario	Bibliotekar
Biologo	Biolog
Chirurgo	Hirurg
Dentista	Zubar
Filosofo	Filozof
Fotografo	Fotograf
Giardiniere	Baštovan
Giornalista	Novinar
Illustratore	Ilustrator
Ingegnere	Inženjer
Insegnante	Učitelj
Inventore	Pronalazač
Investigatore	Istražitelj
Linguista	Lingvista
Medico	Lekar
Pilota	Pilot
Pittore	Slikar
Ricercatore	Istraživač
Zoologo	Zoolog

Psicologia
Psihologija

Appuntamento	Sastanak
Clinico	Kliničke
Cognizione	Spoznaje
Comportamento	Ponašanje
Conflitto	Sukoba
Ego	Ego
Emozioni	Emocija
Esperienze	Iskustva
Idee	Ideje
Inconscio	Nesvesno
Infanzia	Detinjstva
Pensieri	Misli
Percezione	Percepcije
Personalità	Ličnosti
Problema	Problem
Realtà	Realnost
Sensazione	Senzacija
Subconscio	Podsvest
Terapia	Terapija
Valutazione	Procena

Riscaldamento Globale
Globalno Zagrevanje

Ambientale	Ekološka
Artico	Arktik
Attenzione	Pažnja
Clima	Klima
Crisi	Krize
Dati	Podataka
Energia	Energija
Futuro	Budućnost
Gas	Gas
Generazioni	Generacije
Governo	Vlada
Habitat	Staništa
Industria	Industrija
Internazionale	Međunarodni
Legislazione	Zakona
Ora	Sada
Popolazioni	Populacije
Scienziato	Naučnik
Sviluppo	Razvoj
Temperature	Temperature

Salute e Benessere #1
Zdravlje i Vellness #1

Abitudine	Navika
Altezza	Visina
Attivo	Aktivan
Batteri	Bakterija
Clinica	Klinici
Fame	Glad
Farmacia	Apoteke
Frattura	Prelom
Medicina	Lek
Medico	Lekar
Muscoli	Mišića
Nervi	Živaca
Ormoni	Hormona
Pelle	Koža
Postura	Stav
Riflesso	Refleks
Rilassamento	Relaksacija
Terapia	Terapija
Trattamento	Tretman
Virus	Virus

Salute e Benessere #2
Zdravlje i Vellness #2

Allergia	Alergije
Anatomia	Anatomije
Appetito	Apetit
Caloria	Kalorija
Corpo	Telo
Dieta	Dijeta
Digestione	Varenje
Disidratazione	Dehidracije
Energia	Energija
Genetica	Genetike
Igiene	Higijene
Infezione	Infekcije
Malattia	Bolest
Massaggio	Masaža
Nutrizione	Ishrane
Ospedale	Bolnica
Peso	Težina
Sangue	Krv
Sano	Zdrav
Vitamina	Vitamin

Scienza
Nauka

Atomo	Atom
Chimico	Hemijske
Clima	Klima
Dati	Podataka
Esperimento	Eksperiment
Evoluzione	Evolucije
Fatto	Stvari
Fisica	Fizike
Fossile	Fosil
Gravità	Gravitacije
Ipotesi	Hipoteze
Laboratorio	Laboratorija
Metodo	Metod
Minerali	Minerala
Molecole	Molekula
Natura	Priroda
Organismo	Organizma
Osservazione	Posmatranje
Particelle	Čestice
Scienziato	Naučnik

Spezie
Začini

Italiano	Srpski
Aglio	Beli Luk
Amaro	Gorka
Anice	Anisa
Cannella	Cimet
Cardamomo	Kardamom
Cipolla	Luk
Coriandolo	Korijander
Cumino	Kumin
Curcuma	Turmeric
Curry	Kari
Dolce	Slatko
Finocchio	Komorač
Gusto	Ukus
Liquirizia	Sladiće
Paprika	Paprika
Pepe	Biber
Sale	So
Vaniglia	Vanile
Zafferano	Šafran
Zenzero	Đumbir

Strumenti Musicali
Muzički Instrumenti

Italiano	Srpski
Armonica	Harmonika
Arpa	Harfe
Bacchette	Batak
Banjo	Bendžo
Chitarra	Gitara
Clarinetto	Klarinet
Fagotto	Fagot
Flauto	Flauta
Gong	Gong
Mandolino	Mandolina
Oboe	Obou
Percussione	Udaraljke
Pianoforte	Klavir
Sassofono	Saksofon
Tamburello	Tamburaša
Tamburo	Bubanj
Tromba	Truba
Trombone	Trombon
Violino	Violinu
Violoncello	Violončelo

Tempo
Vreme

Italiano	Srpski
Anno	Godina
Annuale	Godišnje
Calendario	Kalendar
Decennio	Decenije
Dopo	Posle
Futuro	Budućnost
Giorno	Dan
Ieri	Juče
Mattina	Jutro
Mese	Meseca
Mezzogiorno	Podne
Minuto	Minut
Momento	Trenutak
Notte	Noć
Oggi	Danas
Ora	Sat
Presto	Uskoro
Prima	Pre
Secolo	Vek
Settimana	Nedelja

Tipi di Capelli
Tipovi Kose

Italiano	Srpski
Argento	Srebro
Asciutto	Suva
Bianco	Beo
Biondo	Plava
Breve	Kratak
Calvo	Ćelav
Colorato	Obojene
Grigio	Siva
Intrecciato	Pleteni
Liscio	Glatka
Lungo	Dugo
Marrone	Braon
Morbido	Meka
Nero	Crna
Riccio	Kovrdžava
Riccioli	Lokne
Sano	Zdrav
Sottile	Tanak
Spessore	Debeo
Trecce	Pletenice

Uccelli
Ptice

Italiano	Srpski
Airone	Heron
Anatra	Patka
Aquila	Orao
Cicogna	Roda
Cigno	Labud
Colomba	Golub
Cuculo	Kukavica
Falco	Soko
Fenicottero	Flamingo
Gabbiano	Galeb
Oca	Guska
Pappagallo	Papagaj
Passero	Vrapca
Pavone	Paun
Pellicano	Pelikan
Pinguino	Pingvin
Pollo	Pile
Struzzo	Noja
Tucano	Tukan
Uovo	Jaje

Universo
Univerzum

Italiano	Srpski
Asteroide	Asteroid
Astronomia	Astronomije
Astronomo	Astronom
Atmosfera	Atmosfera
Buio	Tama
Celeste	Nebesko
Cielo	Nebo
Cosmico	Kosmičke
Emisfero	Hemisfere
Eone	Eon
Equatore	Ekvator
Galassia	Galaksija
Luna	Mesec
Orbita	Orbitu
Orizzonte	Horizont
Solare	Solarne
Solstizio	Solsticija
Telescopio	Teleskop
Visibile	Vidljive
Zodiaco	Zodijaka

Vacanze #2
Одмор # 2

Aeroporto	Aerodrom
Campeggio	Kampovanje
Destinazione	Odredište
Foto	Fotografije
Hotel	Hotel
Isola	Ostrvo
Mappa	Mapa
Mare	More
Passaporto	Pasoš
Ristorante	Restoran
Spiaggia	Plaža
Straniero	Stranac
Taxi	Taksi
Tempo Libero	Slobodno
Tenda	Šator
Trasporto	Prevoz
Treno	Voz
Vacanza	Odmor
Viaggio	Putovanje
Visto	Viza

Veicoli
Vozila

Aereo	Avion
Ambulanza	Hitnu
Auto	Kola
Autobus	Autobus
Barca	Čamac
Bicicletta	Bicikl
Camion	Kamion
Caravan	Karavan
Elicottero	Helikopter
Metropolitana	Metro
Motore	Motor
Pneumatici	Gume
Razzo	Raketa
Scooter	Skuter
Sottomarino	Podmornice
Taxi	Taksi
Traghetto	Trajekt
Trattore	Traktor
Treno	Voz
Zattera	Splav

Verdure
Povrće

Aglio	Beli Luk
Broccolo	Brokoli
Carciofo	Artičoke
Carota	Šargarepa
Cetriolo	Krastavac
Cipolla	Luk
Fungo	Gljiva
Insalata	Salata
Melanzana	Patlidžan
Patata	Krompir
Pisello	Graška
Pomodoro	Paradajz
Prezzemolo	Peršun
Rapa	Repa
Ravanello	Rotkvica
Scalogno	Šalot
Sedano	Celer
Spinaci	Spanać
Zenzero	Đumbir
Zucca	Bundeve

Vestiti
Odeća

Abito	Haljina
Braccialetto	Narukvica
Camicetta	Bluza
Camicia	Košulja
Cappello	Šešir
Cappotto	Kaput
Cintura	Pojas
Collana	Ogrlica
Giacca	Jaknu
Gonna	Suknja
Grembiule	Kecelja
Guanti	Rukavice
Jeans	Farmerke
Maglione	Džemper
Moda	Moda
Pantaloni	Pantalone
Pigiama	Pidžame
Sandali	Sandale
Scarpa	Cipela
Sciarpa	Šal

Congratulazioni

Ce l'hai fatta!

Speriamo che questo libro vi sia piaciuto tanto quanto a noi è piaciuto concepirlo. Ci sforziamo di creare libri della più alta qualità possibile.
Questa edizione è progettata per fornire un apprendimento intelligente, di qualità e divertente!

Le è piaciuto questo libro?

Una Semplice Richiesta

Questi libri esistono grazie alle recensioni che pubblicate.

Puoi aiutarci lasciando una recensione
ora a questo link ?

BestBooksActivity.com/Recensioni50

SFIDA FINALE!

Sfida n°1

Sei pronto per il tuo gioco gratuito? Li usiamo sempre, ma non sono così facili da trovare - ecco i **Sinonimi!**
Scrivi 5 parole che hai trovato nei puzzle (n° 21, n° 36, n° 76) e prova a trovare 2 sinonimi per ogni parola.

Scrivi 5 parole del **Puzzle 21**

Parole	Sinonimo 1	Sinonimo 2

Scrivi 5 parole del **Puzzle 36**

Parole	Sinonimo 1	Sinonimo 2

Scrivi 5 parole del **Puzzle 76**

Parole	Sinonimo 1	Sinonimo 2

Sfida n°2

Ora che ti sei riscaldato, scrivi 5 parole che hai trovato nei puzzle n° 9, n° 17 e n° 25 e cerca di trovare 2 contrari per ogni parola. Quanti ne puoi trovare in 20 minuti?

Scrivi 5 parole del **Puzzle 9**

Parole	Antonimo 1	Antonimo 2

Scrivi 5 parole del **Puzzle 17**

Parole	Antonimo 1	Antonimo 2

Scrivi 5 parole del **Puzzle 25**

Parole	Antonimo 1	Antonimo 2

Sfida n°3

Grande! Questa sfida non è niente per te!

Pronto per la sfida finale? Scegli 10 parole che hai scoperto nei diversi puzzle e scrivile qui sotto.

1.	6.
2.	7.
3.	8.
4.	9.
5.	10.

Ora scrivi un testo pensando a una persona, un animale o un luogo che ti piace.

Puoi usare l'ultima pagina di questo libro come bozza.

La tua composizione:

_____

_____

_____

_____

_____

_____

_____

_____

TACCUINO:

A PRESTO!

Tutta la Squadra

www.ingramcontent.com/pod-product-compliance
Lightning Source LLC
Chambersburg PA
CBHW082050120626
46553CB00011B/3340